Gerd Skibbe

Vom Fisch zum Kreuz

AF192193

Gerd Skibbe

VOM FISCH
ZUM KREUZ

Was Roms Kaiser Konstantin aus der Lehre Christi machte

„Abfall und Wiederherstellung" m Spiegel der deutschen Fachliteratur

Bibliografische Information der Deutschen Nationalbibliothek
Die Deutsche Nationalbibliothek verzeichnet diese Publikation in der
Deutschen Nationalbibliografie; detaillierte bibliografische Daten sind
im Internet über http://dnb.d-nb.de abrufbar.

© 2010 Gerd Skibbe

Jede Reproduktion des Werkes oder von Teilen davon auf Papier oder in
elektronischer Form bedarf der schriftlichen Genehmigung des
Rechteinhabers

Umschlagentwurf Dr. Peter Wöllauer

Herstellung und Verlag:
Books on Demand GmbH, Norderstedt

ISBN 978-3-8423-4386-3

Inhalt

Was wäre einem Urchristen vertrauter: das etablierte Christentum oder der Mormonismus?

Mormonismus, die vielleicht toleranteste Religion weltweit, erscheint nicht wenigen Sektenkundlern als amerikanischer Mix und auf jeden Fall als undeutsch. Dr. Rüdiger Hauth, langjähriger Wortführer deutscher Mormonenkritik sagt:

> *„Der Mormonismus ist eine amerikanische, eigenständige synkretistische Neu-Religion, ... Der Übertritt zum Mormonentum stellt nicht nur einen Glaubenswechsel dar, sondern bedeutet eine völlige Abkehr von der biblischen Tradition und der christlich-ökumenischen Kirchengemeinschaft, denn der Mormonismus repräsentiert eine ganz andere, fremdartige Welt.“* [1]

Nun sind Rede und Erwiderung das Lebenselixier jeder Demokratie.

Da wir alle beanspruchen, Christen, Demokraten und vernünftig zu sein, erlaube ich mir, dieses Statement des Herrn Dr. Hauth freimütig zu betrachten, zumal sein Inhalt in ähnlicher Form in unterschiedlichen Publikationen immer wieder auftaucht.

Mir sei erlaubt zu fragen, ob

- ein Urchrist des 1., 2. oder 3. Jahrhunderts, wenn er sich in der heutigen Kirchenwelt, z. B. auf einem evangelischen Kirchentag, einen Tag lang umsehen könnte, eine ihm vertraute, oder aber ob er *„eine ganz andere, fremdartige Welt“* vorfinden würde?

- Ginge dieser Mann des Altertums in eine Kirche, eine Kathedrale, einen Dom, würde er sich da zuhause fühlen? Oder würden ihn die Dimensionen und die Kälte erschrecken?

Immerhin wissen wir, dass diese gewaltigen Bauwerke dem konstantinischen Gigantismus zuzuordnen sind und nicht urkirchlichen Vorstellungen. In Rom gab es, wie wir alle wissen, vor Konstantin, also vor 320, nicht eine einzige christliche *Kapelle oder Basilika*; das haben die Grabungen ergeben.

- *Altäre* in einer Kirche gab es vor Konstantin ebenfalls nicht. Unser Urchrist würde sich sehr wundern, denn *„... in einer christlichen Kirche kann es eigentlich keinen Altar geben, sondern nur einen Abendmahlstisch.“* [2]

---

1   „Dialog und Apologetik“, 2001
2   K-P. Hertzsch, „Theologisches Lexikon", Union –Verlag, Berlin, 1977. S.13

Am 07. November 2005 berichtete der „Spiegel" unter der Überschrift: „Älteste christliche Kirche der Welt entdeckt?"

> *„Archäologen haben unter einem israelischen Gefängnis die vielleicht älteste christliche Kirche der Welt ausgegraben. Der Fundort ist Megiddo, ...(man fand) altgriechische Inschriften, geometrische Verzierungen, den Namen von Jesus Christus und ein kreisförmiges Symbol mit Fischen, das Symbol der Urchristen... Die Ausgrabungen deuteten darauf hin, dass anstelle eines in anderen Kirchen üblichen Altars im Zentrum der Fundstelle nur ein einfacher Tisch stand. Leah di Segni, eine Expertin von der Hebrew University in Jerusalem, sagte, die Verwendung des Begriffs „Tisch" anstelle von „Altar" in einer der Inschriften könnte dramatische Auswirkungen auf die Studien frühchristlicher Rituale haben. Bislang sei man davon ausgegangen, dass Jesus Christus das Abendmahl an einem Altar gefeiert habe."* [3]

Verwundert würde der Urchrist weiter nachfragen:

- *Christen erhalten für ihren Dienst an der Gemeinde Geld?* Noch um 220 beklagte der römische Bischof Hippolyt, dass die ... Gemeinde der Theodotianer in Rom, ihrem Bischof ein monatliches Gehalt zahlte. Dies sei *„eine gräuliche Neuerung".* [4]

- der Urchrist würde sich über die *liturgische Gewandung,* sogar über das *Beffchen* der Pfarrer, wundern. Seine Brüder gingen nie anders gekleidet, als der Rest der Bevölkerung, auch während der Gottesdienste. Nach Hertling kamen liturgische Kleidungsstücke erst 589, mit dem Konzil zu Narbonne auf. [5]

- Völlig fremd würden unserem Besucher aus dem 3. Jahrhundert die *Kreuze* erscheinen.

Christen des 1.bis 4. Jahrhunderts kannten keine Kreuze, obwohl sie gewillt waren, die Bürde Christi, oder das *„Kreuz Christi",* zu tragen, nämlich als *„Lämmer in einer Welt der Wölfe"* zu leben.

Das Bischöfliche Ordinariat Regensburg, bestätigt 2010 im Internet:

---

3   Der Spiegel, 7. November 2005
4   Jungklaus, Full Text of: „Die Gemeinde Hippolyts ...nach seiner Kirchenordnung"
5   „Geschichte der Katholischen Kirche bis 1740", Morus-Verlag Berlin S. 46

„Als allgemein verbreitetes und verwendetes Symbol der Christen lässt sich das Kreuzzeichen erst in der Zeit der Völkerwanderung **nach** *375 n. Chr. Nachweisen."* [6]

Kreuze kannte man nur als Marterinstrumente oder als Symbole des Sieges auf den römischen Standarten der Legionen. Da gab es sie schon 100 Jahre vor Konstantin. Das geht u.a. aus einem Aufsatz des Felix Minucius hervor. Etwa im Jahr 200 schrieb er im "Dialog Octavius" was er davon hält, das Kreuz, an dem Jesus starb, und das Kreuz der Kaiser und ihrer Legionen miteinander in Verbindung zu bringen und beide, als Mix, zum Gegenstand auch ihrer Verehrung zu machen:

„Kreuze beten wir nicht an und wünschen sie nicht. Ihr allerdings, die ihr hölzerne Götter weiht, betet vielleicht hölzerne Kreuze an als Bestandteil eurer Götter. Was sind sie denn anderes die militärischen Feldzeichen und Fahnen als vergoldete und gezierte Kreuze? **Eure** *(!) Siegeszeichen haben nicht bloß die Gestalt eines einfachen Kreuzes, sondern sie erinnern auch an einen Gekreuzigten... bei* **euren** *religiösen Gebräuchen kommt (das Kreuz) zur Verwendung."* [7]

Der Mann, der mit dem Konzil zu Ephesus, 431 das Kreuz (bzw. die konstantinischen Kreuzsymbole) in die Kirche trug, war Cyrill von Alexandria.

Ich wage nicht zu sagen, wer dieser Kirchenpolitiker in Wahrheit war, verweise jedoch auf die hervorragende Inauguraldissertation von Kaplan Dr. Leonhard Fendt.[8] Dieser brillant diskutierende, rückhaltlos ehrliche, katholische Geistliche Fendt, lässt am geld- und machtgierigen ‚heiligen' Cyrill kaum ein gutes Haar. Einige Millionen, die sein Onkel, der Patriarch Theophilos von Alexandrien, durch Plünderung des Serapistempels gewann, - **der der Verehrung des biblischen Joseph in Ägypten diente** - musste Cyrill einsetzen um aus dem Gefängnis freizukommen, in das ihn Kaiser Theodosius II. wegen seiner grenzenlosen Zanksucht stecken musste.

Die Haare würden unserem Gast aus der Frühzeit der Kirche zu Berge stehen, wenn er z.B. hören würde, wie heftig sich die Patriarchen Cyrill

---

6   www.bistum-regensburg.de/borpage003359.asp
7   Stemberger „2000 Jahre Christentum", Karl Müller Verlag, Erlangen, 1990 S. 146.
8   „Die Christologie des Nestorius" kath.theol. Fakultät der Kaiser - Wilhelm - Universität Straßburg, 1909, Kempten, unter diesem Namen komplett im Internet abrufbar.

von Alexandria und Nestorius im Jahr 431 nicht nur mit Worten bekämpften. Pelusium, ein Freund Cyrills, schrieb damals an Cyrill:

> „... *fälle keine Gewaltsprüche, sondern wäge in gerechtem Urteil die Gründe ab, denn viele der in Ephesus Versammelten höhnen über dich, als ob du eine Privatfeindschaft austrügest, nicht aber rechtgesinnt suchtest, was Jesu Christi ist.*"[9]

Es ging um die Frage, ob Maria die Christusgebärerin (Christotokos) ist, oder ob sie Gottesgebärerin (Theotokos) genannt werden sollte, wie Cyrill meinte. Selbst wir Heutigen wären erstaunt, wenn wir den „Gesang der Mönche" am Kaiserpalast nach dem Bekanntwerden der Absetzung des Nestorius hören könnten:

> „*Verachtet bist du, an welchem Orte du auch seiest; verflucht bist du vor Gott, o Jude! Der Christ ist siegreich alle Zeit! Gebt den Juden jetzt den Juden, gebt den Verräter den Juden!*"; *das Volk schrie: „Man möge Nestorius, den Juden, verbrennen."* Nestorius *verkam danach in der ägyptischen Wüste.*[10]

Was bliebe von *der christlich-ökumenischen Kirchengemeinschaft* übrig, wenn eine machtvolle Hand, alle ab dem 4. Jahrhundert von Menschenhand eingefügten Neuerungen oder Hinzufügungen fortnehmen würde? Es wäre eine Gemeinschaft ohne Kathedralen, Dome und Predigtkirchen, eine Kirche ohne hauptamtliche Pfarrer, in der es viele Priester gibt, alle gleichberechtigt und ohne Dienstkleidung, eine Kirche ohne Altar, ohne Kreuze und Glockenklang, eine Kirche ohne Kleinkindertaufen, ohne Taufstein.

Zum Glück bliebe die Lehre von Christus übrig, aber es wäre ein ganz anderer Christus und die Lehre würde wieder leuchten.

Ginge unser Urchrist nun in eine Kapelle der Kirche Jesu Christi der Heiligen der Letzten Tage, irgendwo, weltweit, er würde den Abendmahlstisch sehen, das kreuz- und schmucklose Gemeindehaus, ein Lesepult. Wie in seinen Zeiten erlebte er bei den ‚Mormonen' eine Versammlung aller unter der Leitung eines Bischofes und seiner beiden Ratgeber – genau so wie es früher war - und dann die Zusammenkünfte der Ältesten- und anderer Priesterschaftskollegien, sowie die gleichberechtigten Veranstaltungen der Frauen, Kinder, Jugendlichen in den

9   Christian Pesch „Nestorius als Irrlehrer" Paderborn 1921, Verlag Schöningh
10   Leonhard Fendt, Inauguraldissertation

extra dafür vorgesehenen Zeiten. Sogar die Themen wären ein Spiegelbild urchristlicher Versammlungen. Nur in Ausnahmefällen würden die Ereignisse der Tagespolitik erwähnt werden, das immerwährende Thema wäre ‚Freude'. „*Menschen sind, dass sie Freude haben können*" sagt das Buch Mormon.[11] Es ginge um die zeitliche und ewige Wohlfahrt aller, die zu uns kommen, denn Jesus hat gesagt: „*Kommt her zu mir, die ihr mühselig und beladen seid, ich will euch erquicken.*"[12]

Das so bestimmt klingende Wort „*der Mormonismus (sei) eine amerikanische, eigenständige synkretistische Neu-Religion*" erweckt den Eindruck von Solidität, den Beweis bleibt Herr Dr. Hauth uns allerdings schuldig.

Laut Wörterbuch bedeutet „*Synkretismus*" die Vermischung der Aspekte unterschiedlicher Religionen um etwas Neues zu formen.

Wie lange kann beim heutigen Stand des Wissens die Behauptung aufrecht gehalten werden, das sehr komplexe Lehrgut der Kirche Jesu Christi der Heiligen der Letzten Tage gleiche einem Teppich oder einer Decke aus lauter entlehnten oder gar geklauten Flicken?

Origenes – Ketzer oder wahrer Christusjünger?

Da gibt es einen Mann aus dem Altertum, Origenes (185-254), der sich mit seinem Werk und Wissen, seit kurzem, wieder ziemlich gewichtig zu Wort meldet. Er hat der Menschheit ein Bild von der Urkirche hinterlassen, an dem sich alle Gemeinden jetzt und zukünftig messen lassen müssen, gerade auch die *christlich-ökumenische Kirchengemeinschaft*.

Wie wir im Folgenden sehen werden, steht die gesamte *christlich-ökumenische Kirchengemeinschaft* mitsamt ihren Lehren gemessen an Origenes, auf sehr dünnen, tönernen Füßen.

Origenes' Name wird von nun an immer wieder auftauchen. Papst Benedikt XVI. empfahl in seiner Generalaudienz am 25. April 2007 die Rückkehr zu Origenes:

> „*Ich lade euch dazu ein... die Lehre dieses großen Meisters (Origenes) im Glauben in euer Herz aufzunehmen.*"[13]

---

11 Buch Mormon 2. Nephi 2: 25
12 Matth 11: 28
13 Origenes – Leben und Werk in Benedikt XVI, Generalaudienz, Mittwoch 25. April 2007, zu finden unter www.vatican.va/holy_father/benedict_xvi/audiences/2007/documents/hf_ben-xvi_aud_20070425_ge.html

Bereits 20 Jahre vor dem origenesfreundlichen Statement des Papstes hatte Kardinal Urs von Balthasar erklärt:

„Origenes und seine Bedeutung für die Geschichte des christlichen Denkens zu überschätzen ist kaum möglich.“ [14]

Und der katholische Historiker Ludwig Hertling, Mitglied der Gesellschaft Jesu, machte bereits vor 60 Jahren die denkwürdige Aussage:

„Origenes hatte niemals die Absicht, von der Lehre der Kirche abzuweichen!“ [15]

Vergleichen wir also acht der bedeutendsten Lehren der Kirche Jesu Christi der Heiligen der Letzten Tage im Detail einerseits mit denen des Origenes, dem anerkannten Schiedsrichter der Urkirche, und andererseits mit denen des traditionellen Christentums. (Es gibt weitaus mehr als 16 Übereinstimmungen zu unseren Gunsten)

Die Kirche Jesu Christi der Heiligen der Letzten Tage lehrt deckungsgleich mit Origenes:

1. die ewige Präexistenz aller heute lebenden Menschen.

2. die absolute Unverbrüchlichkeit des ewigen Rechtes auf Entscheidungsfreiheit jedermanns

3. eine Mehrzahl von Göttern

4. der Mensch kann wie Gott werden

5. Erlösung durch das Sühnopfer Christi **und** durch eigene Anstrengung

6. Zuerst wurde die geistige Welt geschaffen

7. die Notwendigkeit fortlaufender Offenbarung

8. das Werk für die Verstorbenen und die Möglichkeit der Ewigkeit der Ehe.

Zugegeben, Angehörigen anderer Kirchen müssen solche Lehren, weil völlig unbekannt, verdächtig vorkommen. Von Origenes haben die wenigsten je gehört, denn zwischen 550 und 850 unternahm die athanasianische Kirche alles, Werk und Wort des Origenes aufzuspüren und zu vernichten! Was Origenes festgehalten hatte, war jedoch die Basistheologie der Urkirche gewesen.

---

14 www.origenes.de/Kommentare
15 Geschichte der Katholischen Kirche bis 1740, Morus-Verlag, Berlin, S. 27. (mit Imprimatur. Romae, vom 27. Nov. 1981)

1984 suchte ich etwas Besonderes zum Thema „Alte Kirche", allerdings nichts Bestimmtes, und fuhr nach Berlin, um in der Staatsbibliothek zu arbeiten.

Am selben Tag ging ich noch in die Berliner Bibliothek. Während ich durch die Reihen der Bücherregale der Bibliothek schlenderte, fiel mein Blick auf die Bände des „Handwörterbuches für Theologie und Religionswissenschaft". Sofort kam mir der Name ‚Origenes' in den Sinn. Ich wusste damals zwar einiges über ihn, aber nicht das, was ich nun fand. In Origenes Büchern über das Gebet, hatte ich keine Anhaltspunkte gefunden, die mich hätten fesseln können, einiges kam mir gar übertrieben vor. Ich hatte zu früh enttäuscht aufgegeben. Diesmal las ich mich sofort fest.

Mein Erstaunen war unbeschreiblich. Da stand es auf der Seite 1696 schwarz auf weiß geschrieben:

> *Origenes sagte: „alle Logika waren im Urzustand körperlose Geister und als solche* **Götter**, *die dem Logos als Trabanten anhingen... Nach dem Vorbild des Logos (Christus), der selbst das „Bild Gottes" nach Genesis 1:26 ist, hat Gott soviele Logika [Menschenseelen G.Sk.] erschaffen, wie er mit seiner notwendig begrenzten Vorsehung regieren kann."* [16]

Die Logika, das sind wir!

Wie ein Lichtblitz kam es zu mir. Als Mann im Alter von fast fünfundfünfzig Jahren erinnerte ich mich daran, dass die Mormonenmissionare meinem Vater eben dasselbe über unser aller Vorherdasein erklärt hatten, als ich noch ein Kind war. Ja mehr, der mir vorliegende Origenestext von F. H. Kettler, betonte fünf oder sechs zusätzliche Aspekte: Wir waren als Söhne und Töchter Gottes

> *„Götter-[kinder G.Sk.], die dem Logos als Trabanten anhingen... wir waren durch den heiligen Geist zur Einheit verbunden, und wir gaben uns mit ihm der unmittelbaren Schau des Vaters hin. Erst die Erlahmung der geistigen Schwungkraft und Überdruss an der Gottesschau führten zum Sündenfall..."* [17]

---

16 Handwörterbuches für Theologie und Religionswissenschaft", dritte, völlig neu bearbeitete Auflage, 4. Band Kop-O, Mohr (Paul Siebeck) Tübingen, 1960 S. 1692 – 1702, Stichwort 'Origenes'

17 Handwörterbuch für Theologie und Religionswissenschaft

Gerade die Formulierung, wir *„erlahmten in der geistigen Schwungkraft und empfanden Überdruss an der Gottesschau"* ebenda bewegte mich ungewöhnlich.

Als Elfjähriger, im Strandsand von Zinnowitz liegend, hatte ich nämlich hingehört, als die jungen Missionare es fast gleichlautend sagten, als sie mit meinem Vater darüber redeten:

> *„In unserem Vorherdasein kamen wir an einem Punkt an, von dem aus kaum noch Fortschritt möglich war. Wir hatten es satt, immer nur die Herrlichkeit des Vaters zu schauen, denn noch kannten wir keine Gegensätze. Wie Kinder das Elternhaus oft erst wertschätzen, wenn sie es verloren haben, trachteten wir nach eigenen Erfahrungen."*

Das waren deckungsgleiche Aussagen, die mir sofort einleuchteten. Gottes Anliegen ist unser persönlicher Fortschritt, unsere Entwicklung zum Guten, nicht die Frömmelei!

Aber es kam noch viel stärker.

Zahlreiche Passagen aus der Bibel und dem Buch Mormon und anderen Schriften unserer Kirche, tauchten aus meinem Gedächtnis auf. Das Wichtigste davon möchten ich hier darbieten.

Ich las und schrieb, denn da lag in einem Fachbuch ökumenischer Christen unerwartet der komplette „Mormonismus" vor mir.

Da war sie die typische „Mormonenlehre" vom Vorherdasein aller Menschen (die zur Familie Adams gehören) und die Lehre von der Unantastbarkeit der Würde des Menschen.

„Mein Gott!" rief ich spontan bei mir aus, „Joseph Smith war wirklich dein Prophet!" Das war nämlich klar, Joseph stand kein Apparat der Gelehrsamkeit zur Seite. Niemand wusste 1830, was der Arianismus-Origenismus beinhaltete. Er, Joseph, hatte jedoch behauptet, er habe lediglich die verlorene Lehre Christi wiederhergestellt.

Ich kannte das in den „Thomasakten" niedergeschriebene „syrische Perlenlied", das auch von unserem Vorherdasein und vom Zweck unserer Erdenreise spricht, nämlich, dass die himmlische Familie mich mit dem Auftrag zur Erde schickte, die im Meer verborgene Perle zu finden - das wahre Evangelium. Allen Mut müsste ich zusammennehmen, weil ein Ungeheuer am Meeressaum wütet, das diesen Erfolg verhindern will.

Ich dachte an Sätze aus dem Nag-Hammadi-Schrifttum des 2. nachchristlichen Jahrhunderts die mit Origenes' Glauben übereinstimmen:

> *„Daher ist derjenige, der Erkenntnis durch Offenbarung hat, einer, der von „oben" stammt. Wenn man ihn ruft, hört er, antwortet er* **und wendet sich zu dem, der ihn ruft,** *steigt zu ihm empor und erkennt, wie man ihn ruft. Da er Gnosis (Erkenntnis) hat, vollbringt er den Willen dessen, der ihn gerufen hat...* **Wer so zur Erkenntnis gelangen wird, erkennt, woher er gekommen ist und wohin er geht.** *Er erkennt wie einer, der trunken war und von seiner Trunkenheit abließ; er brachte das Seine (wieder) in Ordnung, nachdem er zu sich selbst zurückgekehrt war...* **Die wahre Gotteserkenntnis beginnt mit der Erkenntnis des Menschen als eines gottverwandten Wesens."** [18]

Ich dachte an das Zitat in den Sprichwörtern:

> *„Der Herr hat mich geschaffen im Anfang seiner Wege, vor seinen Werken in der Urzeit, in frühester Zeit wurde ich gebildet, am Anfang beim Ursprung der Erde. Als die Urmeere noch nicht waren, wurde ich geboren, als es die Quellen noch nicht gab, die wasserreichen. Ehe die Berge eingesenkt wurden vor den Hügeln wurde ich geboren. Noch hatte er die Erde nicht gemacht und die Fluren und alle Schollen des Festlands. Als er den Himmel baute, war ich dabei, als er den Erdkreis abmaß über den Wassern, als er droben die Wolken befestigte und die Quellen strömen ließ aus dem Urmeer, als er dem Meer seine Satzung gab und die Wasser nicht sein Gebot übertreten durften, als er er die Fundamente der Erde abmaß, da war ich als geliebtes Kind bei ihm."* [19]

So singen die Heiligen der Letzten Tage:

> *„Ich bin ein Kind von Gott, der mich zur Welt geschickt und hier mit einem ird'schen Heim und Eltern mich beglückt: Führet, leitet und begleitet, dass den Weg ich find, lehrt mich alles das zu tun, was mich zu ihm einst führt."* [20]

Schon bald nachdem diese Hymne 1957 in unseren neuen Liederbüchern erschien, wurde sie in unseren deutschen Versammlungen

18 K.Rudolph, "Die Gnosis", Koehler & Amelang, Leipzig, 1977, S. 139
19 Altes Testament, Sprichwörter 8:22 - 30
20 Gesangbuch Kirche Jesu Christi de Heiligen der Letzten Tage, Frankfurt am Main 1996, Nr. 202 Ich bin ein Kind von Gott

gesungen. Frau Hildegard Albrecht, Mitglied der Kirche Jesu Christi der Heiligen der Letzten Tage, spielte damals in der evangelischen Kirche in Neu-Buckow bei Rostock die Orgel und leitete den Kinderchor. Mit Einwilligung des Pfarrers studierte sie das Lied ein. Sie schilderte mir, welche Wirkung es auf die Gemeinde hatte. Bewegt vom Zauber der Wahrheit rührte es die Herzen der Gläubigen zu Tränen.

Leider ist es wahr, viele Menschen wagen erst dann Gutes gut zu nennen, wenn auch die Nachbarn es gut finden.

Viele Mitglieder unserer Kirche erlebten ähnliches wie Frau Hildegard Albrecht, nämlich, immer wenn uns gestattet wurde, am Grab von Menschen zu singen, die zwar evangelisch oder katholisch geblieben waren, uns aber nahe gestanden hatten, wenn wir das Lied sangen: ‚O mein Vater‘, dessen zweiter Vers von besonderer Schönheit ist:

> *„Ach, für eine weise Absicht pflanztest du mich in die Welt und versagtest mir Erinn'rung an mein frühres Lebensfeld. Doch zuweilen flüstert's leise, ahnungsvoll im Herzen mir: „Bist ein Fremdling auf der Erde, deine Heimat ist nicht hier.“* [21]

Mit all diesem und weiterem Wissen ausgestattet traf ich mich, Jahre später, mit Herrn Professor Zobel, einem anerkannten Theologen der Universität Greifswald, während seiner Zeit als Landtagsabgeordneter mit CDU-Mandat in Mecklenburg-Vorpommern, im Schweriner Schloss, und fragte ihn im vereinbarten Gespräch, was er von Origenes und seiner Mittelpunktlehre vom präexistenten Dasein der Kinder Adams hält.

Professor Zobel war sehr freundlich und schüttelte den Kopf: „Nein!“ sagte er, und schaute mich aus seinen braunen Augen ehrlich an, *„das glauben wir nicht.“*

„Aber Origenes ist doch Schiedsrichter der Urkirche gewesen! Er war die maßgebliche Instanz wenn Glaubensstreitigkeiten aufkamen“ wandte ich ein. Er schüttelte immer wieder den Kopf.

Ich wüsste um jüdisches Schrifttum, das sich deutlich zu Gunsten dieser unserer göttlichen Herkunft ausspricht. Es erhärtet die Aussage, dass wir alle ein vorirdisches Dasein hatten. Ich stieß immer wieder auf völliges Unverständnis. Prof. Zobels *„Nein!“*, sprach Bände.

---

21 Gesangbuch Kirche Jesu Christi de Heiligen der Letzten Tage, Frankfurt am Main 1996, Nr. 190 O mein Vater

Erst in der Mitte des 6. Jahrhunderts wurde die Lehre von der Präexistenz aus dem Lehrgut der Kirche verbannt, und zwar aus politischen Erwägungen, nicht jedoch weil sie angeblich ‚reinkarnatorische Spekulationen' befürwortete.

Nie stand in diesem Zusammenhang die Lehre von der Reinkarnation positiv zur Diskussion. Mitunter, um verschiedene Lehr-Verurteilungen zu rechtfertigen, wird immer noch behauptet, die Kirche (d.h. Kaiser Justinian) hätte damals im Jahr 543, eben die Origeneslehre von der Reinkarnation treffen wollen, weil er sie als gefährlich betrachtete. Doch

> *„Origenes Lehre besagt, dass alle Lebensumstände in die wir hineingeboren werden, die Auswirkungen unseres Verhaltens **vor** diesem irdischen Lebens sind... damit fällt automatisch jede Seelenwanderungslehre."* [22]

Bruce R. McConkie, Mitglied des Rates der Zwölf der Kirche Jesu Christi der Heiligen der Letzten Tage, erklärt seine Ablehnung der Seelenwanderungslehre:

> *Der Mensch ist dazu bestimmt, nur einmal geboren zu werden, nur „ein einziges Mal zu sterben" (Hebr 9:27), und nur einmal aufzuerstehen, damit er „nicht mehr sterben kann" (Al 11:45; 12:18; LuB 63:49)* [23]

Die Seelenwanderungslehre war nie Bestandteil der Lehren der Kirche Christi. Es gab quasi „Wanderungen" im Vorherdasein, aber diesseits keine Wiedergeburten.

Erlebnisberichte die durchaus glaubwürdig sind, schildern Zusammenhänge die auf irdische Wiedergeburten schließen lassen. Doch wenn wir davon ausgehen, dass die Welt der Geister sich direkt ‚neben' uns befindet, scheint mir klar zu sein, dass wir sehr wohl schon lange vor unserem Start in die Sterblichkeit Einblicke in diese Welt nahmen.

Erstaunlich ist, dass nur wenige moderne Christen wissen, dass sich die Basislehre des Urchristentums von der Präexistenz bis in die ältesten Zeiten (nachadamitischer) Menschheitsgeschichte zurückverfolgen lässt.

---

22 Horst Robert Balz, Gerhard Krause, Gerhard Müller – Theologische Realenzyklopädie – 2000 Religion - S.3 Google Book Result.
23 Bruce R. McConkie, Mormon Doctrine, deutschsprachige Ausgabe, Band III, Bad Reichenhall 1992 S. 170

Albert Champdors „Ägyptisches Totenbuch" legt brillant dar, was auch später die Christen glaubten und welche Elemente des „Tempelgeheimnisses" schon bei den alten Ägyptern vorhanden waren.

Ich fand 32 teilweise wörtliche Parallelen, auf die ich nicht nur aus Platzgründen nicht eingehen werde. Jeder kann dort nachlesen, dass die uralten Kulturträger am Nil Präexistenz, Auferstehung, Jüngstes Gericht (Seelenwägung) lehrten, sowie Reinwaschung, Rechtfertigung, die Gebote halten, Ehebruch meiden, Gott verehren, Vater und Mutter ehren, seinen Nächsten lieben usw. Übrigens hat der Grieche Plato 13 Jahre lang mit ägyptischen Priestern Umgang gepflegt und von daher die Lehre vom Vorherdasein des menschlichen Geistes erhalten ... und an die Griechen weiter gegeben.[24]

Siehe auch den Papyrus Prisse, der aus der Zeit von ungefähr 3500 Jahren vor unserer Zeit stammt:

„Lass nicht übermütig werden, deine Seele ob deines Reichtums. Es ist dir gewesen der Urheber der Fülle Gott. Nicht stehe hinten an der andere. (oder: Liebe deinen Nächsten wie dich selbst) Er sei dir gleich! ... Schön ist es, wenn ein Sohn die Rede seines Vaters wohl aufnimmt. Es wird ihm zuteil werden ein hohes Alter deshalb (oder: Ehre Vater und Mutter, auf dass du lange lebest in dem Land, das dir der Herr dein Gott gegeben hat)...[25]

Nicht erstaunlich eigentlich, wenn wir voraussetzen, dass das Evangelium Christi älter ist als wir denken. (Uroffenbarung).

Der Kern der ewigen Erlösungslehren, darunter die Lehre von unserem vorirdischen Dasein, weil ausgesprochen schön und einleuchtend, wurde immer wieder neu beschrieben. Erst 500 Jahre nach Jesu Tod wurde sie von Kaiser Justinian I. 543 auf der Ostsynode der Kirche als „origenistisch-häretisch" diffamiert und eliminiert.

Es gab allerdings immer Splittergruppen, die, obwohl sie heftig verfolgt wurden, an der gebannten Lehre festhielten, darunter die meisten Katharer, deren Vorfahren infolge verübter Grausamkeit durch die ‚Rechtgläubigen' - bzw. durch die Athanasianer - jahrhundertelang ihres Glaubens wegen schwerste Leiden ertragen mussten. Einer der Ihren äußerte sich so:

---

24 Albert Champdor „Das ägyptische Totenbuch" Knaur, 1977, S. 57
25 Otto von Leixner, „Geschichte der Fremden Litteraturen", Leipzig , Otto Spamer 1898, S. 7

> *„Aus vielen Zeugnissen geht hervor, dass außer Origenes auch andere bedeutende frühchristliche Theologen, Philosophen und Kirchenlehrer - so zum Beispiel Justinus, der Märtyrer (100-165), Tatian (2. Jhd.), Clemens von Alexandria (150-214), Gregorios von Nyssa (334-395), Synesios von Kyrene (370 413) ... und der Bischof Nemesios von Emesa (um 400-450) glaubten, dass die Seelen der Menschen schon vor der Entstehung der materiellen Welt vorhanden waren."* [26]

Dagegen lautete der uns überlieferte Text der Verfluchung der Kernlehren des Origenes durch die Ostsynode:

> *„Wenn einer sagt oder dafürhält, die Seelen der Menschen seien präexistent gewesen, insofern sie früher Intelligenzen und heilige Mächte gewesen seien; ... so sei er im Banne...."* [27]

Wohin solche Eigenmächtigkeit führte liegt auf der Hand.

Erst mit der Lehre von der Präexistenz macht die Eingangs-Aussage des Epheserbriefes Sinn. Paulus singt nämlich ein Loblied auf den Heilsplan Gottes:

> *"Gepriesen sei der Gott und Vater unseres Herrn Jesus Christus...in ihm hat er uns erwählt,* **vor der Erschaffung der Welt**...*"* [28]

Jede andere Deutung verführt zu eher inhumanem Denken im Sinne Augustinus, der sich die Spekulation von der „Vorbestimmung" (Prädestination) zum Nachteil Millionen Gläubiger ausgedacht hatte. Nach dem Urteil des berühmten katholischen Theologen Hans Küng wurde damit unendlich viel Schaden angerichtet, denn Bischof Augustinus von Hippo lehrte, dass

> *„nur eine relativ kleine Zahl von Menschen (zur Wiederauffüllung der durch den Engelsfall entstandenen Lücke!) ... zur Seligkeit vorausbestimmt (ist). Die anderen seien eine ‚Masse der Verdammnis'..."* [29]

Das war nie Teil der Lehren der Urkirche gewesen.

---

26 Ein Katharer im Internet www.thorstenczub.de/jesus2

27 Horst Robert Balz, Gerhard Krause, Gerhard Müller -Theologische Realenzyklopädie – 2000 Religion - „S.3 Google Book Result.

28 Neues Testament, Epheserbrief 1:3-4

29 Hans Küng, „Kleine Geschichte der katholischen Kirche", Berliner Taschenbuchverlag, 2002, S. 76

Prof. Küng erläutert, dass:

> *„diese Lehre den Gegenpol zu der Lehre des Origenes von einer am Ende zu erhoffenden Allversöhnung darstellt. Sie wird in der abendländischen Christenheit ebenfalls eine unheimliche Wirkung erzielen und unendlich viel Heilsangst und Dämonenfurcht verbreiten bis hin zu den Reformatoren Luther und besonders Calvin, der diese Lehre rücksichtslos zu Ende denken wird."*[30]

Wir müssten hier innehalten um uns klar zu machen, dass die Christen damaliger Zeiten, nach Augustinus Theologie, akzeptieren sollten, dass sie selbst **keinen** Einfluss darauf haben, ob sie selig werden oder zur Hölle niederfahren werden ... und zwar in eine Hölle aus der es kein Entrinnen gibt ...

Augustinus Prädestinationsgedanken werden heute nur noch von wenigen Theologen mitgetragen, dennoch finden sich seine Ausläufer bis heute in der „Gemeinsamen Erklärung zur Rechtfertigungslehre" der evangelischen und katholischen Kirche von 1999.[31]

Dagegen wird im Buch Mormon, Alma 13, überzeugend erklärt, dass es in unserem voririschen Dasein eine Vorerwählung und Vorordination auf Grund unseres Verhaltens im ersten Stand gab.

Es ist das Vorherwissen Gottes, das bei Origenes und in unserer Kirche die große Rolle spielt. *„Die Dinge treten nicht ein, weil Gott sie vorher weiß."*

Bemerkenswert ist im Origeneskontext die häufige Verwendung des Terminus „Intelligenzen". Er erscheint unter den ersten Christen und im Schrifttum der Kirche Jesu Christi der Heiligen der Letzten Tage, hier insbesondere in den Zusatzschriften „Köstlichen Perle" und „Lehre und Bündnisse". Solches Verständnis war jahrhundertelang Stern und Kern christlichen Denkens und Glaubens.

---

30 ebenda

31 Gemeinsame Erklärung zur Rechtfertigungslehre des Lutherischen Weltbundes und der Katholischen Kirche, z. B. 4.1 Unvermögen und Sünde des Menschen angesichts der Rechtfertigung. Text zu finden unter www.theology.de/religionen/oekumene/evangelisherkatholischerdialog/gemeinsa meerklaerungzurrechtfertigungslehre.php

Eigene Entscheidung oder Zwang zur Seligkeit?

Justinian lehnte die wesentlichen ‚Origeneslehren' sozusagen im Block ab. Angeblich folgten damals 165 ‚heilige Väter' (von weitaus mehr als 3 000! Bischöfen) den kaiserlichen Wünschen. Es heißt, ‚Papst' Vigilius habe die Ergebnisse der Synode ebenfalls gebilligt.

Vigilius kam tatsächlich nach Konstantinopel, - wo die Ostsynode 543 ihre üble Rolle spielte - aber er kam wider Willen:

> *„Die Bannflüche wurden ... unter dem unnachgiebigen Druck Kaiser Justinians von sämtlichen Patriarchen unterzeichnet, einschließlich Papst Vigilius', der 544 eigens zu diesem Zwecke fast gewaltsam nach Konstantinopel gebracht wurde. Mit ihrer Unterzeichnung reihte die Kirche den bedeutendsten und herausragendsten Theologen des frühen Christentums, Origenes, **aus weltlichen Gründen unter die ketzerischen Irrlehrer....** "* [32]

Vigilius bestritt jedenfalls, dass er die betreffenden Papiere freiwillig unterschrieben habe: *„Vigilius later spread it about that he has been forced to produce the indication and that he had been insufficiently informed. [Vigilius verbreitete später, dass er dazu gezwungen worden sei, die Angabe zu machen und dass er ungenügend informiert gewesen sei] "* [33]

Im frühen Christentum befanden sich weitere Elemente, die keinem Mächtigen passten, wie etwa der Gleichheitsgrundsatz. Es hieß nämlich: *„Gott hat... keine Vielzahl verschiedener Wesen geschaffen, sondern **alle gleich**... Es gibt keine... gesellschaftliche Rangbestimmung, der Wille des Einzelnen ist entscheidend, und das heißt: der autonome Wille des Einzelnen... Gnosis [Erkenntnis] ist an keinerlei Zugehörigkeit zu irgendeiner gesellschaftlichen Gruppe gebunden... "* [34]

Für die meisten Christen der ersten Zeit stand ohnehin fest, dass wir alle vor Gott gleich sind und für unser Tun und Lassen, im Verhältnis zu unserem Können, Rechenschaft abzulegen haben.

Origenes preist, anders als Augustinus, die Nichtwillkür Gottes: *„Alle Logika (Engel, Menschen und Dämonen) sind von gleicher Natur, **ihre Unterschiede** sind erst durch den Fall entstanden. "* [35]

---

32 Hermann Bauer, „Der Einfluß Ostroms", 1982.
33 Aloys Grillmaier u.a. „Christ in Christian Tradition", 1995 „S. 426, Fußnote
34 Franz Schupp „Geschichte der Philosophie im Überblick" CCH Canadian Limited Bd 2 , 2005, S. 35
35 Handwörterbuch für Theologie und Religionswissenschaft

Wir selbst bestimmten und bestimmen den Hafen unserer Hoffnung, niemand sonst.

Nach Origenes

> *„... stand Gott vor der Wahl, ihnen (seinen Geistkindern) entweder gar keinen freien Willen zu geben oder die Möglichkeit ihres Falls in Kauf zu nehmen, und zog das Letztere vor, (er) wird sie aber schließlich (nach vielen Rückschlägen...) und durch die Kunst seiner Pädagogik doch noch dahin bringen, dass sie dem Guten beständig anhängen.*
>
> **Gottes Pädagogik und der freie Wille der Logika, den Gott nur durch Erziehung fördern und nicht durch Zwang vergewaltigen darf,** *sind (nach Hal Koch) die eigentlichen Pole des origenistischen Systems.“* [36]

Wir sind Götterkinder, niemand darf uns ungestraft zwingen. Selbst der Allmächtige hat uns versprochen, er selbst werde und dürfe uns *„nicht durch Zwang vergewaltigen“.* **Erlösung durch Zwang war, das lernten wir ‚Mormonen' durch Joseph Smith, das Konzept des Gegenspielers Christi, des Luzifer, der deshalb der Satan wurde.**

Es gab - das glauben Mormonen aus guten Gründen - bereits in unserem vorirdischen Dasein eine heftige Auseinandersetzung intellektueller Art, wie Intelligenzen die in die Sterblichkeit fallen, wieder mit Gott versöhnt werden können.

Schließlich gab es nur zwei Möglichkeiten: Erlösung durch Zwang oder Erlösung durch Liebe, durch ein Sühnopfer.

Der „Krieg im Himmel" endete durch Mehrheitsentscheidung zugunsten unserer persönlichen Entwicklung.

Wir befürworteten den Plan Jesu, Menschen durch Gnade (Liebe) zu erlösen.

Wegen der hartnäckig vertretenen Idee seitens der Anhängerschaft Luzifers, die Menschen zum Guten zwingen zu wollen, wurde – wie es Joseph Smith nach eigenem Zeugnis ‚sah', aus Luzifer dem Lichtträger, der Gewalthaber Satan.

Der für ‚Mormonen' authentische Text lautet:

> *„Jener Satan, dem du im Namen meines Einziggezeugten geboten hast, ist derselbe, der von Anfang an gewesen ist; und er trat vor*

---

36 Handwörterbuch für Theologie und Religionswissenschaft, S. 1692 – 1702

mich und sagte: Siehe, hier bin ich, sende mich. Ich will dein Sohn sein, und **ich will die ganze Menschheit erlösen,** *dass auch nicht eine Seele verlorengehe, und ich werde es sicherlich tun; darum gib mir deine Ehre.*

Aber siehe: Mein geliebter Sohn, der mein Geliebter und Erwählter von Anfang an war, sprach zu mir: ,Vater dein Wille geschehe, und dein sei die Herrlichkeit immerdar.'

Darum weil der Satan sich gegen mich auflehnte und danach trachtete die Ent-scheidungsfreiheit zu vernichten, die ich, der Herr Gott den Menschenkindern gegeben hatte und weil ich ihm auch meine eigene Macht geben sollte, ließ ich ihn durch die Macht meines Einziggezeugten hinabwerfen, und er wurde der Satan, ja nämlich der Teufel...“ [37]

Alleine die Ideen stehen sich immer noch feindselig gegenüber. Das erklärt wohl auch diesen von Johannes dem Offenbarer stammenden Text:

„Und es entstand ein **Kampf im Himmel:** *Michael und seine Engel kämpften mit dem Drachen. Auch der Drache und seine Engel kämpften; aber sie siegten nicht, und sie* **verloren ihren Platz im Himmel.** *Er wurde gestürzt, der große Drache, die alte Schlange, genannt der Teufel und der Satan, der den ganzen Erdkreis verführt, und mit ihm wurden seine Engel hinab geworfen.“* [38]

Erstaunt ruft der inspirierte Jesaja aus:

„Wie bist du vom Himmel gefallen, o Luzifer, Sohn des Morgens! Bist du niedergehauen zur Erde, der du die Nationen schwächtest!

Denn du hast in deinem Herzen gesprochen: Ich werde zum Himmel hinaufsteigen; ich werde meinen Thron hoch über die Sterne Gottes erhöhen; ich werde mich auch auf den Berg der Zusammenkunft im hohen Norden setzen.

Ich werde über die Wolkenhöhen emporsteigen; **ich werde dem Allerhöchsten gleich sein!***

Doch wirst du in die Hölle hinab geworfen, in die allertiefste Grube.

---

37 Köstliche Perle Moses 4: 1-4
38 Offb. 12,7-9

Die dich sehen, werden dich scharf anblicken und werden dich wägend betrachten und werden sprechen: Ist dies der Mann, der die Erde hat erzittern lassen, der Königreiche erschüttert hat?

Und die Welt zur Wildnis gemacht und die Städte darin zerstört hat und das Haus seiner Gefangenen nicht geöffnet hat?" [39]

Die Bezeichnung Satans "Glanzstern" entspricht dem lateinischen *Luzifer* = "Lichtträger". Im Hebräischen = *Hillel* ("Glänzender, Leuchtender") = *Nahasch*, die Schlange im Paradies Genesis. 3:1 Unter Schlange verstand man oft einen intelligenten Geist dem wegen Auflehnung gegen Gott die Verkörperung verboten wurde.

Aus der Erkenntnis oder Einstellung heraus, dass Zwang ungöttlich ist, schrieb Joseph Smith aus dem Gefängnis zu Liberty, wo er im Winter 1838 willkürlich monatelang festgehalten wurde, die unvergleichlichen Worte:

"...wenn wir auch nur im geringsten Maß von Unrecht irgendwelche Gewalt, Herrschaft oder Nötigung auf die Seele der Menschenkinder ausüben – siehe dann ziehen sich die Himmel zurück, der Geist des Herrn ist betrübt, und wenn er weggenommen wird, dann ist es mit dem Priestertum oder der Vollmacht des Betreffenden zu Ende." [40]

Origenes stellte uns indirekt die Frage Gottes vor, die er sich selbst vorgelegt hatte: *"wie bringe ich meine Kinder wieder unbeschadet zurück"*, nachdem sie in die Welt der Gegensätze fielen um durch eigene Erfahrung zu lernen zwischen Gut und Böse, zwischen Elend und Heiligkeit zu unterscheiden. Etwas das man im Vaterhaus Gottes nicht erleben kann.

Wahr ist, wir schätzen das Gute oft genug erst, nachdem wir es verloren.

Jesus, der große „Logos", bot sich selbst als Opfer an, für den Teil unserer Übertretungen zu bezahlen, den wir zwar sehr bereuen aber den wir nicht rückgängig machen können. Das war eben der Anlass der Fragen Luthers vor dem Turmerlebnis. Und das war die klare Antwort: Trotz all unserer Bemühungen - die für Gott und uns selbst unverzichtbar sind – ist letztlich alles was uns schließlich aus der Misere heben kann, die Macht der Gnade.

Darin sind sich alle Christen einig. Ohne Jesus Christus gibt es kein Zurück ins Vaterhaus Gottes.

---

39 Jesaja 14: 12-17, zitiert im Buch Mormon, 2. Nephi 24:12-17
40 Lehre und Bündnisse 121:38-40

Die Würde des Menschen ist unantastbar

Wir werden immer mit den Unterdrückten fühlen, weil wir das göttliche Erbe der Freiheitsliebe in uns tragen. Es lässt sich auf die Dauer nicht unterdrücken. Diese Lektion mussten auch die Kommunisten lernen.

Es gab im Jahr 1830, als die Kirche Jesu Christi der Heiligen der Letzten Tage mit ihrer Zentrallehre von der Unverbrüchlichkeit des Individualrechtes wiederhergestellt wurde, keine andere christliche Gemeinschaft, die auch nur annähernd so entschieden für dieses Menschenrecht eintrat. Ausnahmslos jeder darf sich frei entscheiden, edel oder verbrecherisch zu handeln. Erst der vollendete Gesetzesbruch ändert die Situation. *„Beim ersten sind wir frei, beim zweiten sind wir Knechte…"*[41]

‚Mormonen' verstehen Jesus so, dass wir seine Gebote halten sollen, damit wir frei bleiben.[42] Er, das „Wort", der Gesetzgeber, hat auch die Strafe festgesetzt, nach dem Prinzip von Ursache und Wirkung.

Die *christlich-ökumenische Kirchengemeinschaft* spielte nach Nicäa in zu vielen Fällen die üble Rolle des Freiheitszerstörers.

Anders als Origenes und Joseph Smith, standen viele bedeutende Köpfe der „*christlich-ökumenischen Kirchengemeinschaft*" selbst noch beim neuzeitlichen Freiheitskampf im letzten Glied, wenn nicht auf der Gegenseite.

Sogar die Nachkommen der vor der Inquisition geflüchteten Verfolgten Nordamerikas waren selten bereit, dem Anderen das Anderssein zu erlauben. Man denke nur an die schrecklichen „blue laws" die im 17. Jahrhundert in den Neuenglandstaaten jede Art religiöser Freiheit zerstörten:

> *„Katholische Priester die sich bloß im Lande sehen ließen wurden hingerichtet, Quäker gehängt, für irrgläubig erklärten Leuten wurde die Zunge mit einem glühenden Eisen durchbohrt…"*[43]

Martin Luther, den die Mormonen gerne haben, war oft genug freiheitsfeindlich eingestellt: *„Mit Ketzern braucht man kein langes Federlesen zu machen, man kann sie ungehört verdammen."*[44]

Vollends vergreift sich der Diktator, Schwedenkönig Gustav Wasa. Er schrieb seinen Untertanen in Helsingland im Jahr 1536:

---

41 Goethe, Faust 1
42 Johannes 14: 21
43 Johann Josef Ignatz von Döllinger, Papsttum, München, 1861
44 Tischreden, Bd. III. S. 175.

> *„Ihr habt euch zum Luthertum zu bekehren, wenn nicht, lasse ich ein Loch in den Delensee schlagen und euch darin ersäufen."* [45]

Es kommt ihm gar nicht in den Sinn, dass er christusfeindlich eingestellt ist.

Selbst Calvins Exekutive mischte sich in alles ein:

> *„Wo die Calvinisten in der Mehrheit waren... regierte die Kirche weitgehend den Staat. Durch die vom Konsistorium ausgeübte strenge Aufsicht über die Sittlichkeit wurde das Leben der Gemeindemitglieder einer äußerst starken Kontrolle unterworfen. Die Ältesten hatten das Recht auf ungehinderten Eintritt in jedes Haus zu jeder Zeit. Das bedeutete praktisch: keine Tür durfte verschlossen werden, um die Ältesten nicht zu behindern. Das bedeutete auch; Vorhänge an den Fenstern hat nur nötig, der etwas zu verbergen hat..."* [46]

Aus den Katastrophen und Verbrechen der Freiheitsberaubung, wie zum Beispiel denen der Ermordung von 10 000 Hugenotten in der Bartholomäusnacht im August 1572 in Frankreich - einem Ereignis, das mit Freudengeläut vatikanischer Glocken begrüßt wurde - müssten heute noch Schlüsse gezogen werden.

Enorm christusfeindlich war der Beschluss von 1648, am Ende des 30-jährigen Krieges als mit dem „Frieden" zu Osnabrück der Satz festgeschrieben wurde: „du hast die Religion zu akzeptieren, zu der sich dein Fürst bekennt" (*„cuius regio, eius religio"*). Das kann man nicht schönreden. Selbst Diktator Konstantin erwies sich schon 1300 Jahre früher wenigstens partiell als toleranter.

Der Barbarismus wollte sich immer erneut durchsetzen.

1832 sagte Papst Gregor XVI. in seiner Enzyklika "Mirari Vos" schlankweg, es sei Wahnsinn Gewissensfreihheit zu fordern:

> *„Aus (der) modrigen Quelle der Gleichgültigkeit, die den Glauben betrifft, fließt jene törichte und falsche Ansicht, die man besser als Wahnsinn bezeichnet, für jeden die Gewissensfreiheit zu fordern und zu verteidigen."* [47]

---

45 Johann, Josef, Ignaz von Döllinger, „Papsttum" München, 1861
46 Günter Stemberger „2000 Jahre Christentum", Erlangen, 1990 S. 833
47 Papst Gregor XVI, Enzyklika „Mirari vos" vom 15. August 1832 über Äußerungen zu den Verwirrungen in Kirche und Staat, zu finden unter http://www.domus-ecclesiae.de/magisterium/mirari-vos.teutonice.html

Noch in seiner Enzyklika „Quanta cura", verwirft Pius IX. 1864 entschieden jeden Ansatz zu eigenem Denken - ein Vierteljahrhundert nach dem von Joseph Smith verfassten, berühmtem 11. Glaubensartikel:

> *„Wir beanspruchen für uns das Recht, Gott den Allmächtigen zu verehren, wie es uns das Gewissen gebietet, und wir gestehen allen Menschen das gleiche Recht zu, mögen sie verehren, wie oder wo oder was sie wollen."* [48]

Die Enzyklika von Papst Pius IX., 08.12.1864: „Verurteilung der Religionsfreiheit und anderer Häresien" ächtete effektiv das Mailänder Toleranzreskript des Jahres 313. Damals hieß es noch:

> *„Es steht jedem Menschen frei, diejenige Religion anzunehmen und zu bekennen, die man, vom Lichte der Vernunft geführt, für wahr erachtet."*

Dieses Mailänder Freiheitsrecht wurde bereits am 27. Februar 380 durch das berüchtigte Gesetz zum Glaubenszwang „Cunctos populos" durch angebliche Christen abgeschafft.

Selbst noch 1500 Jahre nach Cunctos populos forderte Papst Leo XIII., 1888, diktatorisch : *„Freiheit für die Wahrheit, aber keine Freiheit für den Irrtum."* [49]

Erst Papst Johannes Paul II. änderte 1979 - endgültig, wie zu erwarten ist - die bisherige Einstellung der römisch-katholischen Kirche, indem er in seiner Antrittsenzyklika erklärte:

> *„Die Religionsfreiheit, manchmal noch begrenzt oder vergewaltigt, ist Voraussetzung und Garantie für alle Freiheiten, die das Gemeinwohl der Menschen und der Völker sichern... Die Religionsfreiheit bringt nämlich wie kein anderes Menschenrecht den Vorrang der menschlichen Person gegenüber jeder politischen Ordnung und **ihre Offenheit für das Gute zum Ausdruck.**"* [50]

---

48 Köstliche Perle, 13. Glaubensartikel
49 Leo XIII., Enzyklika „Libertas praestantissimum" in: Die Katholische Sozialdoktrin in ihrer geschichtlichen Entfaltung, 4 Bde., hg. v. A. Utz u. B. v. Galen (Aachen 1976) Rd. nr. II/59. bei Konrad Hilpert „Die Anerkennung der Religionsfreiheit", 2005
50 Johannes Paul II., Antrittsenzyklika „Redemptor hominis", 1979 bei Konrad Hilpert „Die Anerkennung der Religionsfreiheit", 2005

Eben das hatten sämtliche Päpste bis weit ins 19. Jahrhundert hinein völlig anders gesehen. Besonders die Juden haben das bitter zu spüren bekommen.

Angemerkt werden sollte, dass durch Codex Justinianus I 11,10 die **Rechtlosigkeit** jedes römischen Bürgers zugunsten der konstantinischen Variante des ‚Christentums' endgültig festgeschrieben wurde:

> *„die Kindstaufe wurde um 545/6 durch Kaiser Justinian zwangseingeführt, die Nichtbeachtung mit dem Verlust von Eigentum und Bürgerrecht bestraft, das Festhalten am „hellenischen" Glauben bzw. die Apostasie nach der Taufe mit der Todesstrafe. Dies war ein entscheidender Schritt, da nun praktisch jeder Reichsbewohner bereits als Kind getauft wurde und ein Abfall vom Christentum als grundsätzlich todeswürdiges Verbrechen galt."* [51]

Können wir Heutigen uns vorstellen wie viel Schrecken mit der gewaltsam verbreiteten „Frohen Botschaft" über die Köpfe von wahrscheinlich mehr als 40 Millionen Menschen ausgeschüttet wurde?

Jede Abweichung von der durch Konstantin, Ambrosius und Justinian vorgegebenen Richtung hatte irgendwann die Todesstrafe zur Folge, die auch an sonst makellosen Christen vollzogen wurde.

Unglaublich und unentschuldbar!

Wir wissen nicht wie viele Hellenen, Arianer, Paulikianer, angebliche Häretiker, Isis- und Osirisverehrer, Mandäer, Manichäer und andere von ihren Familien getrennt wurden um in Bleibergwerken und Galeeren zu Tode gequält zu werden, weil sie nicht von der Religion ihrer Väter abweichen konnten und wollten. Es gab vermutlich zehn- bis einhundertmal mehr vom Christenhass betroffene Familien als zuvor von Heiden verfolgte Christen.

Den verbohrten *„Akademikern kam nicht zum Bewusstsein, dass die christliche Lehre ein Komplex von unveränderlichen, geoffenbarten Wahrheiten ist."* [52]

Zum *Komplex der unveränderlichen, geoffenbarten Wahrheiten* gehörte vor allem - laut Origenes und Joseph Smith - die, dass Gott uns das Individualrecht geschenkt hatte, das wir zu verteidigen haben – notfalls mit Waffengewalt. Das jedenfalls sagt das Buch Mormon, Alma 43-60.

---

51 Kommentar bei Wikipedia
52 Ludwig Hertling mit Imprimatur. Romae, vom 27. Nov. 1981 „Geschichte der Katholischen Kirche bis 1740", Morus-Verlag, Berlin, S. 24

Bedenklich macht, dass zu viele Menschen des 21. Jahrhunderts nicht wissen, dass ‚Mormonismus' schließlich nichts anderes ist, als der von Jesus Christus gelehrte Glauben an unsere Pflicht zur Rechtschaffenheit, Wahrhaftigkeit und Freiheitsliebe. So ist ‚Mormonismus' eine Theologie der Vernunft, von der uns nicht alles vorgeschrieben werden muss.

Origenes, der große freiheitsliebende Gelehrte der Urkirche, wurde von seinem Bischof Demetrius exkommuniziert. Aber die Forschung findet immer mehr Anzeichen dafür, dass der Neid der minder Begabten die eigentliche Ursache für den Kirchenausschluss Origenes, war.

Roms einziger Gegenpapst der je heilig gesprochen wurde, Bischof Hippolyt, war und blieb Origenes persönlicher Freund, nachdem die Niederträchtigen Origenes verstoßen hatten.

Hippolyt und Origenes, sowie andererseits Joseph Smith „gelobten", ganz anders als die Karrierechristen vieler Jahrhunderte, dass

Intoleranz und Christentum einander ausschließen wie Feuer und Wasser.

Solche Gesinnung hätten Origenes und Joseph die Freundschaft aller Menschen einbringen müssen. Weit gefehlt. Wir Normalen sind fast immer eher dem Irrtum zugeneigt als der Wahrheit, hätte es sonst binnen 30 Jahren, ausgehend vom Zentrum christlicher Zivilisation, zwei Weltkriege gegeben?

Die gegenseitige Freiheitsberaubung, betrieben von angeblichen Elitechristen vom Format Ambrosius, Damasus, Augustinus, Justianus, Johannes Calvin, nahm nie ein Ende – erst als die weltlichen Regierungen dagegen einschritten, änderte sich das langsam.

Es war und ist das bislang nicht widerrufene Gesetz zum Glaubenszwang, das im Jahr 380 seine scheinbare Berechtigung aus dem athanasianischen Glaubensbekenntnis bezog, von dem sich das traditionelle Christentum noch immer nicht klar distanziert hat. Es ist der fragwürdige Monotheismus des Athanasiums der keck noch bis zu dieser Stunde droht: *„Wer auch immer gerettet sein will, der muss vor allem den katholischen Glauben festhalten: Wer diesen nicht unversehrt und unverletzt bewahrt, der wird zweifellos auf* **ewig** *zugrunde gehen* (nämlich diejenigen treffend, die nicht glauben, dass drei eins ist, dass der Vater, sein Sohn Jesus Christus und der Heilige Geist nicht drei Götter sind, sondern nur einer und dass dieser Eine gesichtslos ist. (Davon reden wir gleich).

Alle Änderer des urchristlichen Systems, wie Kaiser Konstantin, Callixt I., Ambrosius von Mailand und Augustinus, sowie ihr heutiger Anhang, müssen sich die Frage gefallen lassen, was vom Christentum übrig bleibt, wenn es zur Gewalt greift. Schon Laktanz, ein Elitechrist zur Zeit Kaiser Konstantins hatte ernsthaft gewarnt *„Dass jemand unter Zwang etwas verehrt, das er im Ernst gar nicht verehren will, kann nur zur Heuchelei und Simulantentum führen."* [53]

Intoleranz und Simulantentum sollten denn auch zum Inbegriff des von Kaiser Konstantin 325 in Nicäa umgeprägten Christentums werden.

Nicäa, 325, brachte die Wende – nämlich den Untergang der Urkirche

Der evangelische Kirchenhistoriker Heinz Kraft bekräftigt diese Aussage mit einer Schärfe (Präzision) ohnegleichen:

> *„... In Nicäa* **befolgte die Kirche** *die Wünsche Konstantins,* **obwohl sie sie nicht billigte... Eben so wenig, wie Konstantin Christus erwähnt, ist die Kirche auf Christus bezogen...** *Konstantin hatte eine neue Idee von der Kirche, die er verwirklichen wollte: ... nach dem ihm vorschwebenden Bild formt er...* **Konstantin sein Reich, seine Kirche....** *Die Diener Gottes, die Kleriker unterstützen den Kaiser, den Knecht Gottes dabei, das gottgewollte Friedensreich herbeizuführen. Das Konzil ist ein repräsentativer Staatsakt, aber der Staat, der sich ihm darstellt, ist die von Konstantin geführte Kirche (!), das Reich der Zukunft..."* [54]

Man sollte es noch einmal hören: *Die nicäische und nachnicäische Kirche ist* **nicht** *auf Jesus sondern auf Konstantin bezogen.*

Und man könnte hinzufügen: So sah diese Kirche denn auch aus, konstantinisch gewaltausübend und sehr auf Äußerlichkeiten bedacht:

> *„Für die große Menge bestand die christliche Religion nur (noch) im äußeren Gottesdienste, in welchem Gott auf pomphafte Weise wie ein orientalischer Despot verehrt ... wurde. ...Das Christentum,*

---

53 Hans Maier, „Compelle intrare" Uni München, 2009
54 Heinz Kraft, Habilitationsschrift „Konstantins religiöse Entwicklung", 1954, Heidelberg - Uni Greifswald, S. 89 u 99

*seitdem man es zur **Staatsreligion** erhoben hatte, ward seinem eigentlichen Wesen und Zwecke völlig entfremdet…"* [55]

So entpuppte sich das gefälschte „Christentum" nach Konstantin.

Die direkt auf Jesus bezogene Kirche wurde fortan mit allen Mitteln bekämpft.

Bekanntlich hatte das 1. ökumenische Konzil der Christenheit zu Nicäa 325 einen Text verabschiedet, der als Athanasium bis heute bekannt und innerhalb der *christlich-ökumenischen Kirchengemeinschaft* noch gültig ist.

Ab 380 verbot die volle Gewalt des Staates anders als trinitarisch-athanasianisch zu glauben oder etwas anderes zu sein als ein athanasianischer Christ.

Der Unterschied besteht darin, dass Arianer, - wie die ‚Mormonen' - glauben, dass es drei Götter sind, die eine Gottheit bilden, jeder mit seinem Gesicht, wie wir nach dem Tod unseres Körpers ein Gesicht und eine Gestalt haben werden.

Das zu glauben wurde mit dem Gesetz ‚Cunctos Populos' unter Strafe gestellt:

> *„Alle Völker, über die wir ein mildes, gnädiges Regiment führen, **sollen** (müssen) das ist unser Wille, die Religion annehmen die der göttliche Apostel Petrus den Römern gepredigt hat, und der wie wir sehen werden, auch Bischof **Damasus** von Rom sich anschließt... wer diese Gesetz befolgt soll den Namen eines katholischen Christen führen, die andern aber... sollen die Schmach ... tragen, ihre Versammlungshäuser dürfen nicht Kirchen genannt werden; sie selbst aber unterliegen der göttlichen Strafe..."*
>
> *„Die andern... die die Schmach tragen sollen und deren Versammlungshäuser nicht Kirchen genannt werden dürfen unterliegen der göttlichen Strafe..."* [56]

Diese *„anderen"* sind die Arianer, die Origenisten, die Novatianer, Donatisten, nämlich die Urkirchlichen, sie *„unterliegen der göttlichen Strafe..."*

---

55 Schlossers Weltgeschichte" Bd. 3, S. 576

56 Edikt cunctos populos des Kaisers Theodosius I: vom 28. 2. 380 (Übersetzung auf http://www.theologie.uni-wuerzburg.de/fileadmin/01020400/_temp_/staat_und_kirche_01.pdf)

Wer im Osten Deutschlands 1945 und danach erlebte, wie die Kommunisten mit aller Kraft und allen verfügbaren Mitteln daran gingen, 17 Millionen Menschen die stalinistische Ideologie überzustülpen, kann ermessen, was damals im römischen Reich vor sich ging.

Cunctos populos sollte sich effektiv als Todesurteil für zahlreiche Menschen auswirken. Es sei erneut gesagt: Cunctos populos löschte das Mailänder Toleranzreskript von 313, so wie Hitler mit seinem Ermächtigungsgesetz 1933 die Weimarer Republik aufhob.

Allein dass der unselige Gesetzestext einen Bezug zu Damasus, zu ,Papst' Damasus, als Vorbild herstellt, erregt Aufmerksamkeit und den Protest derer die weiter sehen. So hatte dieser päpstliche Gewalttäter bereits 366 gedacht: *„ ihre Versammlungshäuser dürfen nicht Kirchen genannt werden; sie selbst aber unterliegen der göttlichen Strafe..."* Sehr hatte Damasus die ungöttliche Strafe schon 14 Jahre vor ,Cunctos populos' den Arianern Roms erteilt, mit Äxten in der Hand von Totschlägern, die zu seiner Privatarmee gehörten, die auch aus angeheuerten Kutschern und Zirkusleuten bestand.

Wir schreiben das Jahr 366. ,Papst' Damasus beschloss, die Gemeinde seines Mitbischofs Ursinus auszurotten, weil diese Arianer waren. Hören wir den Bericht, wie ihn der evangelische Theologe mit Lehrberechtigung Martin Rade wiedergibt und was sich an einem Oktobermorgen des Jahres 366 zutrug:

> *„(um) acht Uhr morgens, kam Damasus mit seinem gottlosen Anhang heran.. ... mit (dem) gesamten (athanasianischen) Klerus, alle mit Beilen, Schwertern und Knitteln bewaffnet... [Sie stürmen die Julii-Kapelle zu Rom, während des Gottesdienstes der Arianer G.Sk.] während kein einziger Damasianer fällt, erliegen 160 Ursinaner"* [57]

Halten wir fest: kein einziger Damasianer fällt. Es ,unterliegen' jene die sich offensichtlich nicht gewehrt haben. 160 Tote waren zu beklagen, allesamt auf Seiten der Arianer, die man kurze Zeit später die Nichtkatholiken nennen wird.

Fortan lebte Damasus in Saus und Braus und fuhr in kostspieligen Kutschen durch die Stadt.

Jeder Christ sollte wissen, wie jeder ,Mormone' weiß, dass Toleranz - Nächstenliebe - das erste Kriterium für den Wert einer Kirche ist.

57   Martin Rade, „Damasus, Bischof von Rom", 1882, S. 14

Auf den Schultern der Anhänger des konstantinisch-orthodoxen Kirchentums, lastet die Schuld ihrer Rechtsvorgängerin. Diese handelte bewusst gewalttätig.

Diejenigen die sich der Kirche Jesu Christi der Heiligen der Letzten Tage anschlossen, indem sie ihre ursprüngliche Kirche, bzw. die *christlich-ökumenische Kirchengemeinschaft*' verließen, haben sich entschieden distanziert von alledem was die Väter-Kirche Mitmenschen zufügte, aber sie haben sich eben durchaus nicht von den Lehren der Bibel distanziert! Im Gegenteil!

Fünf Jahre nach der Verkündigung von Cunctos populos, im Jahr 385, wurde der noble 45-jährige Bischof Priscillian von Avila in der Kaiserresidenz Trier mit sechs Glaubensgenossen geköpft. Sie hatten es abgelehnt, athanasianisch-trinitarisch zu glauben. Das war alles. Nur weil sie ablehnten zu denken, Gott wäre ein mächtiger Nebel, weil sie arianisch dachten und glaubten, dass da drei Götter sind, der Vater, Sohn Jesus Christus und der Heilige Geist, als jeweils verherrlichte Wesen mit einer Gestalt und einem Gesicht, mussten sie sterben.

Priscillian und seine Freunde wurden, um die Nachwelt zu täuschen, der Zauberei angeklagt. Aber die Forschung hat die Wahrheit heraus gefunden:

> *„... es waren die schlechtesten Elemente des spanischen Episkopats, die gegen Priscillian in vordersten Front standen. Ithiacus wird als schamloser und sittlich verkommener Schwätzer bezeichnet und Ydascius wurde von seinem eigenen Presbyterium* [Ältestenkollegium] *in den Anklagezustand versetzt, sein Lebenswandel kam weiterhin in schlechten Ruf... Priscillian* [dagegen] *lebte der Welt vor, was er lehrte... Durch Folterungen und „inquisitorische Technik des Präfekten Euodius gelang es, Priscillian und die seinen das Verbrechen der Magie und der organisierten Unzucht gestehen zu lassen... [deshalb wurden sie]* mit dem Schwert hingerichtet.“* [58]

Priscillian hatte alles versucht, dieser Gefahr zu entkommen. Er hatte sich hilfesuchend an Papst Damasus und an Ambrosius von Mailand um Beistand gewandt. Doch „*beide Kirchenfürsten* [zeigten dem schutzsuchenden Spanier] „*die kalte Schulter*" [59] Hier werden die Querverbindungen sichtbar.

---

58 Hans Lietzmann: „Geschichte der Alten Kirche" W.De Gruyter, 1999 S. 64
59 ebenda, S. 66

Natürlich war Ambrosius hinterher betroffen. So ist das in der Politik der Mächtigen und im realen Leben: Erst legt man radikale Regeln fest und dann, wenn sie sich verheerend auf den eigenen Ruf auswirken, würde man am liebsten alles dämpfen, - allerdings nicht um jeden Preis.

Wie sie dahinschreiten zum Hauklotz, auf den Mann zu mit seiner Axt in Händen, kann jeder sehen, der versucht, sich in die Lage der Betroffenen zu versetzen. Nur noch wenige Minuten und sie werden im Jenseits ihren Bericht zu Protokoll geben, der ihrer und unserer Überzeugung nach einmal aufgerufen werden wird... Unter der Folter hatten sie gestanden unzüchtige Zauberer zu sein. Kein Mensch der Priscillian und die Seinen kannte, schenkte diesem ungeheuren Vorwurf jemals Glauben, (der abergläubische Kaiser Magnus Maximus vielleicht).

Als die sieben Köpfe zu Boden fielen, freuten sich nur wenige. Selbst Ambrosius hielt den Atem an...

Dass Bischof Priscillian sich lediglich geweigert hatte, nicäisch bzw. katholisch zu glauben, bestätigt die Arbeit von Ana Maria C.M. Jorge:

> *"Priscillian helps us to achieve a better understanding of the Christianization process and the orthodox/heterodox debate in late antiquity. ...Against a background of the progressive "Constantinization" of the church, bishops become key figures who centralize the main forces of the day. ... The confrontation between rival Christian communities – Priscillianist and Nicean Catholicism – reveals an important facet of the position adopted by Christians in their relations with civil authorities, as well as the close ties between Christianity, the top of the ecclesiastical hierarchy and the Empire. It also gives a clear picture of the work of the bishop of a city in antiquity, in which the emphasis was on the militant view of the kerigma."* [60] [Priscillian hilft uns, ein besseres Verständnis des Christianisierungsprozesses und der Debatte heterodox/orthodox in der Spätantike zu erlangen. ... Vor einem Hintergrund fortschreitender „Konstantinisierung" der Kirchen werden Bischöfe Schlüsselfiguren, in denen sich die Hauptkräfte der Zeit konzentrieren. ... Die Konfrontation zwischen rivali-

---

60 Ana Maria C.M. Jorge, Center for the Study of Religious History (CEHR) Portuguese Catholic University (UCP). "The Lusitanian Episcopate in the 4th Century. - Priscilian of Ávila and the Tensions Between Bishops"

sierenden christlichen Gemeinschaften – Prisillianisten und nicäischem Katholzismus – offenbart eine wichtige Facette der von den Christen eingenommenen Position gegenüber zivilen Autoritäten ebenso wie zwischen Christenheit, der Spitze der kirchlichen Hierarchie und dem Imperium. Er gibt uns auch ein klares Bild der Arbeit des Bischofs einer Stadt der Antike, worin der Schwerpunkt auf der militanten Sicht der Botschaft liegt.]

Es ist zutreffend, die trinitarische Kirche des ausgehenden 4. Jahrhunderts, die robustere, nicht die bessere, sollte schließlich ‚siegen‘, deshalb verstand sie sich selbst als die Ecclesia Militans.

Es ging um die Konstantinisierung der Kirche, der sich viele todesmutig entgegenstellten.

Aus der Ecclesia Militans ging die mittelalterliche Kirche hervor und aus dieser ging, mit wenigen Korrekturen, - die von den Reformatoren und mittels der Gegenreformation durchgesetzt wurden, - das ökumenisch-orthodoxe Grundgerüst hervor, das bis heute von der *christlich-ökumenischen Kirchengemeinschaft* nicht verlassen wurde.

Das Übel vergrößerte sich eigenständig. Wie in tiefster Verwirrung steckende Menschen handelten sie gegeneinander in offener Auflehnung gegen Jesu Lehren. Denn er hatte gemahnt. *„Schließe ohne Zögern Frieden mit deinem Gegner.“* [61] und : *„Liebe deine Feinde“* [62] Er hatte nicht gesagt: „ausgenommen davon sind deine Glaubensfeinde!“

Eintausend Jahre ging es in Europa steil bergab.

Müsste unser urchristlicher Gast auch nur eine einzige Stunde lang durch die wichtigsten *Etappen der Konzilien, der Klosterentwicklung, des tatsächlichen Klosterlebens und durch die Zeitalter der Kreuzzüge und der Inquisition* gehen, es würde seine Geduld strapazieren und seinen Glauben an die Vernunft der Menschen erschüttern.

Offensichtlich brachte das in Nicäa, 325, von Kaiser Konstantin initiierte Athanasianum die Menschen um den Verstand, denn einen Gott, den man nicht erkennen kann, den gibt es nicht. Er war, wie wir sehen werden, per erzwungenem Konzilsbeschluss auf das Niveau einer imaginären ‚höheren Macht.‘ herabgesetzt worden. Gustav Freytag gibt

---

61 Matth. 5: 25
62 Matth 5: 44

eine Zustandsbeschreibung vom Tiefpunkt, zu der die konstantinisch-athanasianische Geisteshaltung führen musste:

> „...Das Amt des Bischofs war (um 1400) völlig verweltlicht. Ihre Weiber, Gelage, die Jagd... waren ihre Tagesinteressen. Es gab Kirchenfürsten und Äbte die kein Latein verstanden und nicht lesen und schreiben konnten. Nicht viel besser erging es der Mehrzahl der Mönche und der Plebanen, den Pfarrgeistlichen, denen vorzugsweise die Seelsorge für die Laien oblag. Wenn sie beim Gottesdienst Gebete und Reden lateinisch lesen mussten, so buchstabierten sie mürrisch, ohne Verständnis des Sinnes und der Worte, ihnen selbst war barbarisch, was sie beteten, und das galt für natürlich, weil jeder Müßiggänger und faule Bauch sich in den Priesterstand drängte (Bezug: Nic. De Clamengis De praesulibus simoniacis, ed J.M. Lydius, 1613, p. 165)

> ... Der Franziskaner Bernhard Baptisè klagte in einer Predigt, die er auf dem Konzil in Costnitz vor den Kirchenfürsten und der versammelten Geistlichkeit Europas hielt: „So schlecht sind unsere Geistlichen geworden, dass schon fast die ganze Geistlichkeit dem Teufel verfallen ist." (Bezug: v.d. Hardt, Con.Const. T.I.P. XVIII. P.880 sq)... Großes Geld nahm die vornehme Geistlichkeit ein, die Beutel der Armen wurden leer..." [63]

Joseph Smith erfuhr durch Offenbarung, dass all diese Vorgänge nur die Folgeerscheinungen des bereits früher geschehenen Abfalls vom wahren Evangelium beschreiben.

Umso erfreulicher ist dagegen die Tatsache, dass ein liebevoller Vater im Himmel diesem Tief sein Hoch entgegensetzte, sobald die Zeit und die Umstände dafür herangereift waren, so wie es von Anfang an geplant war.

Joseph Smith stellte unter göttlicher Führung das komplette theologische System, wie es zur Zeit des Origenes bekannt war, zum Vorteil **aller** Christusgläubigen wieder her. Da ist deutlich von unserer ewigen Personalität die Rede, da haben wir ein Gesicht und Gott hat seine Gestalt und sein Antlitz.

Betrachten wir Raffaels Sixtinische Madonna:

---

63 Gustav Freytag , Bilder aus der deutschen Vergangenheit" Zweiter Band. Leipzig, S. 218-219, 223

Gesichter bilden den Hintergrund. Raffael malte 1513 dieses
wahrscheinlich bedeutendste
Gemälde aller Zeiten. *„Es ist von
reiner Inspiration geprägt"* (Alpatow)

Hatten wir unser Angesicht schon
bevor wir ins Fleisch geboren
wurden? Werden wir es, - gemäß
athanasianisch-trinitarischem
Glauben - nach dem Erdenleben,
wie angeblich Jesus, verlieren?
Werden auch unsere unsterb-
lichen „Seelen" sich in Nebel
auflösen? Wird unser Bewusstsein
dann noch existieren, nachdem
wir unsere Identität verloren haben werden?

Das Achselzucken der Befragten ist auch nicht gerade die von
Nachdenklichen gesuchte Antwort.

Sterbebegleiter jeder Konfession bezeugen, dass Ihre Patienten in den
letzten Minuten ihres Dasein wiederholt davon sprachen, dass sie
jenseits dieses Lebens eine Person erwarte, die ihr schon zu Lebzeiten
sehr nahe stand. Die Berichte, die ich selbst hörte, waren klar. Es
handelte sich nicht um gestaltlose Wesen sondern um den deutlich
erkennbaren eigenen Vater oder die Mutter oder eine andere Person.

Gehen wir noch einmal zurück ins vierte Jahrhundert, in dem das
Christentum zugleich verfälscht und zur Staatsreligion erklärt wurde.

Die entscheidende Frage lautet: wer wagt zu behaupten, Nicäa hätte
zum Sieg des Christentums geführt?

Betrachten wir was die Geschichtsforschung von heute weiß: Es lässt
sich schon jetzt sagen: Mit Nicäa beginnt 325 die Geschichte der von
Kaiser Konstantin ins Leben gerufenen Gegenkirche.

Das Konzil zu Nicäa und das nicäische Bekenntnis

Zur Vorgeschichte des 1. ökumenischen Konzils der ‚Christenheit‘, gehört diese kleine Episode. Eines Tages im Jahr 318 wird in der ägyptischen Christengemeinde Alexandria der fast siebzigjährige Älteste Arius von dem 23-jährigen Diakon Athanasius provoziert.

Athanasius, klein von Gestalt, dunkelhäutig und redegewandt, fragte ob Bruder Arius wirklich glaube, dass Gott Vater und Jesus Christus menschenähnlich aussehen würden.

„Ja, gewiss“, wiederholte Arius: *„warum sollte der Auferstandene seine Gestalt verloren haben?“*

„So alt, so simpel bist du lieber Bruder!“ lautete die wahrscheinliche Erwiderung und nach allem was wir wissen wird Arius (von dessen Namen der Begriff Arianer abgeleitet wird) auf den Text der Apostelgeschichte hingewiesen haben:

> *„...als Jesus gesprochen hatte, wurde er vor (den) Augen (seiner Jünger) emporgehoben, und eine Wolke entzog ihn ihren Blicken. Während sie unverwandt ihm nach zum Himmel emporschauten, standen plötzlich zwei Männer (Männer, nicht Zwitter!) in weißen Gewändern bei ihnen und sagten: Ihr Männer von Galiläa, was steht ihr da und schaut zum Himmel empor?* **Dieser Jesus, der von euch ging und in den Himmel aufgenommen wurde, wird ebenso wiederkommen, wie ihr ihn habt zum Himmel hingehen sehen.“** [64]

Der Streit weitete sich aus. Die einen meinten, das sei doch nur eine Allegorie für die Dummen, die anderen blieben wie Arius dabei: Gott hat eine Gestalt und ein Gesicht mit *„Augen wie Feuerflammen“* wie es in der Offenbarung des Johannes heißt.[65]

Eines Tages platzt Bischof Alexander der Kragen: **„Dem Arius muss man Widerstand leisten bis aufs Blut...“** ruft er aus. [66]

„Bis aufs Blut!“ Dieser Schlachtruf hat unerhörte Wirkung. Einmal in die Welt entlassen, dröhnte er weiter.

---

64 Apg 1: 9-11
65 Offenbarung 1: 12-17
66 Ernst F.Klein, „Zeitbilder der Kirchengeschichte “ Ackerverlag, Berlin 1930, S. 153

Bischof Alexander (und sein eifernder Diakon Athanasius)
glaubten daran, dass Gott völliger Geist ist. Sie beriefen sich auf
Johannes 4: 24 „Gott ist Geist und die ihn anbeten, müssen ihn im
Geist und in der Wahrheit anbeten"

Sie standen sich plötzlich unversöhnlich gegenüber, Athanasius und
Arius. Arius ein gebildeter Mann mit ruhigen Gesten, ein Urchrist im
Geist und Sinne des Origenes, des berühmten alexandrinischen
Theologen und Sprechers der Urkirche. Er bestand auf seinem Recht,
traditionell glauben zu dürfen.

Bischof Alexander und Athanasius dagegen sagten, dieses Recht
würden sie ihm absprechen, sie würden den Origenes genausogut wie
irgendjemand in ihrer Gemeinde kennen und Origenes habe dies und
jenes, in Bezug auf Gott gesagt....

Arius verstand das anders: natürlich, - so **wie das Innerste des**
Menschen Geist ist, ist Gottes Innerstes Geist. Doch der
Allmächtige war nicht außerstande sich eine Gestalt zu geben.

Genau so sehen das die Heiligen der Letzten Tage:

„Denn der Mensch ist Geist Die Elemente sind ewig, und Geist
und Element, untrennbar verbunden, empfangen eine Fülle der
Freude" [67]

Geist und Körper zusammen ergeben erst Vollkommenheit, das gilt
sowohl für den Menschen als auch für Gott.

Die Gegner des Arius, vor allem Athanasius und Alexander wünschten
um jeden Preis ihr Gottesbild durchzusetzen.

Nun kommt Kaiser Konstantin ins Spiel. Zu dieser Zeit hegte er, der
bislang gute Erfahrungen mit Christen gesammelt hatte, schon seine
besonderen Absichten mit den führenden Kirchenmännern seines
Imperiums. Er wünschte, dass ihn diese charakterfesten Persönlichkeiten unterstützten, seine Vorstellungen von Staat und Gesellschaft
umzusetzen.

Aber Konstantin war natürlich nicht verborgen geblieben, dass sie nicht
mehr einheitlich zusammen standen. Wegen einiger „Kleinigkeiten"
gerieten sie heftig aneinander.

Für Konstantin gab es mehrere dringende Gründe, die Bischöfe der
Kirche nach Nicäa, seinem Sommersitz, einzuladen.

---

67 Lehre und Bündnisse 93:33

Er hatte viel erlebt, das er einordnen musste. Ein weiterer Grund für Konstantins Eingreifen bestand wahrscheinlich darin, dass seine Mutter Helena ihren großen Sohn drängte, zu Ehren der Sache Jesu mehr zu unternehmen.

Jedenfalls, um Ruhe zu stiften und nachdem er gewisse ‚Erfolge' seiner Religionspolitik sah, schrieb Kaiser Konstantin an die etwa 1 800 Bischöfe des Reiches und lud sie ein, auf Staatskosten nach Nicäa in Kleinasien zu kommen. Wahrscheinlich wurde nicht jeder angeschrieben, aber möglicherweise die Mehrheit. Mit diesen Bauern, Unterbeamten und Bäckergesellen hatte er ein ernstes Wort zu reden. (Bischof Spyridion von Zypern, zum Beispiel war, laut Anwesenheitsprotokoll, ein Ziegenhirte.) Sie hatten zusammen zu rücken und eine Einheit zu bilden, statt zwei oder drei Formationen anzunehmen.

Welche Ehre für die überwiegend ‚kleinen' Leute, in den Dörfern Palästinas und Kleinasiens, die den bis dahin nur innerhalb der Kirche geachteten Rang eines Bischofes (Gemeindevorstehers) trugen, eine Einladung vom mächtigsten Mann der Welt zu erhalten.

Für viele jedoch gab es schwerwiegende Bedenken, nicht anzureisen, obwohl die Versuchung groß war, berühmt zu werden. Sie, die von Heiden oft genug verspottet worden waren, hätten jetzt auftrumpfen können: *„Seht die Einladung vom Kaiser!"*

Und dann noch umsonst mit der kaiserlichen Post daherzufahren und etwas von der Welt zu sehen, das stellte schon eine gewisse Versuchung dar.

Es ist anzunehmen, dass die meisten den Braten rochen. Sich dem Kaiser als ihrem Herrn zu unterwerfen, hatten schon vor ihnen viele Christen standhaft verweigert und das mit ihrem Leben bezahlt.

Dieser Konstantin, der den freien Völkern nördlich der Donau und östlich der Rhein-Mainlinie als Tyrann galt, und der gefangene Germanenfürsten in seiner Arena zu Trier, seinem Hauptsitz, von wilden Tieren zerreißen ließ, wollte die Rolle des Schiedsrichters in christlichen Glaubensfragen spielen?

Alle wussten es: „*... auch mit der Zivilbevölkerung kannte Konstantin keine Gnade und hinterließ in den unterworfenen Gebieten Tod und verbrannte Erde.*"[68]

---

68 Bettina von Engel : „Konstantin und seine Familie in Trier" Vortrag, 2007, vor der Ascoli-Piceno-Trier Gesellschaft

Nein! Einem Machtidioten der seinen Schwager (Maxentius) erschlagen lässt, einem obersten Heidenpriester, der kaltherzig regiert und der ‚liebe Gott' persönlich sein will, werden sie sich nicht zu Füßen werfen.

Etwa 220 Gemeindevorsteher folgten der Einladung des Imperators. Es waren nicht 317, wie die alte Geschichtsschreibung prahlt.

Von diesen 220 Bischöfen trug nicht einer eine Mitra, oder etwa eine Art liturgischer Kleidung. Das gibt es erst 300 Jahre später. Sie gingen als zivile Leute, allerdings kamen einige mit ihren Ratgebern angereist. (In Klammern gesagt: aus der Gemeindeordnung des Bischof Hippolyt von Rom, im Jahr 220, wissen wir, dass Bischöfe erstens ehrenamtlich arbeiteten, und dass zweitens jeweils zwei Ratgeber an ihrer Seite standen.) Bischöfe großer Gemeinden brachten auch andere Berater mit.

Bischof Silvester von Rom war nicht dabei. Anscheinend erfährt er erst viel später was sich in Nicäa abspielen sollte.

Vor allem ging es darum, ob es nur einen oder mehrere Götter gibt. Daraus leitete sich die Frage von der Gestalt oder Nichtgestalt Gottes ab.

War Gott eine geistige, ganz und gar formlose Wesenseinheit (griechisch homousios) oder handelte es sich, wie das Neue Testament schreibt, um eine Gottheit von drei himmlischen Personen, die homoiusios (einander nur ähnlich) waren?

Da damals in der Kirche überwiegend griechisch gesprochen wurde, ging es also um zwei Begriffe die sich lediglich durch das kleine I, das Jota, voneinander unterschieden.

Nämlich, wenn man das I aus dem Wort entfernt, dann hat Gott plötzlich kein Gesicht mehr, denn (ohne I) bedeutet homoiusios, dass beide Personen wesenseins sind

Hoch und heiß ging es zu: Arius hatte sich gut vorbereitet, aber Athanasius nicht minder. Nach teilweise heftigem Hin und Her mischte sich eines Tages Nikolaus von Myra (das Urbild des Weihnachts-mannes) ziemlich grob ein, verärgert darüber, dass die Arianer nicht klein beigeben wollten. Der nun fünfundsiebzigjährige Arius hatte wiederholt Origenes (185-254) Wort für Wort zitiert und dabei wiederholt betont, dass dies die bislang unwidersprochene Lehre der Urkirche sei. Als Arius dann noch auf Nachfrage bekräftigte, dass er Origenist bleiben würde, und dass er dabei bleibe, Gott Vater und Gott Sohn trügen menschliche Züge, rutschte dem vierzigjährigen Nikolaus von Myra die Hand aus. Sie traf das Gesicht des Greises Arius.

Das Ökumenische Heiligenlexikon schwächt hier zwar ab, indem es von einer Legende spricht, dass Arius von dem Heißsporn geschlagen wurde. Doch ihrem ganzen Wesen nach dienten die in Umlauf gesetzten Fabeln der Kirche nach Nicäa dazu, negative Ereignisse zu beschönigen, eine Anpassung zu ermöglichen oder Ungezogenheiten zu verniedlichen. So offensichtlich auch hier. Es scheint, dass es sich wirklich so abgespielt hat.

Auch dieser Vorgang würde den unmittelbar nach Nicäa einsetzenden rapiden moralischen Verfall der Kirche erklären. Dass sich Abge-ordnete aneinander vergreifen, mag in weltlichen Parlamenten vor-kommen, nicht aber unter gleichberechtigten Bischöfen der Kirche Christi. Nach Jesu Weisungen verlangt solche Entgleisung die Exkom-munikation:

> *„Ich sage euch, jeder der seinem Bruder auch nur zürnt, soll dem Gericht verfallen sein, und wer zu seinem Bruder sagt: Du Dummkopf, soll dem Spruch des Hohen Rates verfallen sein...“* [69]

Doch der Herr Jesus Christus war tot, er hatte in und nach Nicäa nicht mehr mitzureden. Diese Rolle übernahmen zuerst die Kaiser, dann die Päpste.

Die Athanasianer hielten solche Bekenntnisse, wie Arius sie abgab, selbstverständlich für blanken, allen Christen verbotenen Polytheismus. Das war - ihrer Meinung nach - strafwürdige Häresie, mit Verweis auf Exodus 20: 3 (*„**Ich bin** der Herr dein Gott, du sollst nicht andere Götter haben neben mir“)*

Der Gedanke, dass Jesus dieser große ICH BIN ist, und dass er immer wieder beteuerte, sein Vater sei größer als er, kam den Athanasianern nicht. (Siehe Anhang S. 106)

---

69 Matth 5: 22

Ein fragender Blick zum Imperator hinüber bestätigte Athanasius, er befinde sich auf der Linie des Kaisers. Was wollte er mehr? Fest stand, an seiner speziellen monotheistischen (henotheistischen) Grundeinstellung würde Konstantin nicht rütteln lassen. Das würde ihren gemeinsam erstrebten Sieg ermöglichen. „Nun ja", mochte Athanasius möglicherweise denken, „der Kaiser glaubt leider noch, Gott Sol Invictus Geist wohne in ihm. Eines Tages wird auch er begreifen, dass es der Geist Christi ist, der in ihm Heimstatt gefunden hat." Die meisten Bischöfe wankten auch aus Gründen der Höflichkeit (und aus Furcht) hin und her. Viele dachten: „*Reden ist Silber, Schweigen ist Gold.*"

Nur knapp lautete die wiederholte Einlassung des gefährlichen Imperators: „*Niemand sollte (darf) die absolute Geistigkeit der Gottheit gefährden...*"[70]

Endlich begriff das auch der Dümmste: Der Kaiser hatte gesprochen: Ein Geist (Gott-Geist) ist gestaltlos, unbeschreiblich, also unvorstellbar. Punktum. Das war das Ende der Diskussionen. Beiseite geschoben wurde mit einer einzigen abschließenden Bemerkung, dass Jesus, als Auferstandener, das Gegenteil gesagt hatte, indem er die Jünger beruhigte denen er begegnete:

> „*Seht meine Hände und Füße an:* **ICH BIN** *es selbst. Fasst mich doch an und begreift: kein Geist hat Fleisch und Knochen, wie ihr es bei mir seht.*"[71]

Konstantin im Zentrum des Geschehens und des Bildes

Der Theologe Adolf von Harnack resümiert: „*Der Wille des Kaisers entschied.*"

So kam es zur Aussage: Gott ist homousios. Die Kirche musste parieren und den Raub des kleinen Vokals akzeptieren. Jedenfalls war das der Wunsch Konstantins und der Männer des Athanasiuskreises.

Keine Frage, Konstantin ist einerseits für den Inhalt des Athanasiums verantwortlich, den er entscheidend mitgestaltete, andererseits ist er wütend entschlossen, eine andere Meinung als seine eigene, nicht

---

70 Adolf von Harnack, Dogmengeschichte S. 232
71 Lukas 24: 39

gelten zu lassen. Das geht auch aus dieser Feststellung des katholischen Kirchenhistorikers Ludwig Hertling hervor:

> *„... solange freilich Kaiser Konstantin lebte,* **durfte niemand wagen***, gegen das Konzil zu Nicäa und seine Definition aufzutreten...“* [72]

Im Klartext gesagt: Konstantin gelang es, mit Hilfe kooperativer Konzilsteilnehmer am 1. ökumenischen Konzil, zwischen 325 und 330 sein angestrebtes Universalreich weiter auszubauen.

Wegen dieses ‚homousios', dieser Wortneuschöpfung, bar des Jota's, und weil Konstantins eigener Wille und Geist von nun an auch die Kirche dominierte sollte es 1500 Jahre zugehen, wie auf einem Schlachtfeld. Hatte Bischof Alexander von Alexandria doch klar gefordert: ***„Dem Arius muss man Widerstand leisten bis aufs Blut...“***

Die Athanasianer bewaffneten sich tatsächlich immer wieder um gegen die Arianer vorzugehen.

Wegen ihrer Verbohrtheit, den trinitarischen Glauben durchzusetzen, rollten die Köpfe in vielen Jahrhunderten. Zuerst waren es im Jahr 366 die der Ursianer in Rom, dann die sechs Häupter der leitenden Männer der Gemeinde Avila, Spanien und zumindest in den Schlachten, die Ambrosius von Mailand gegen die Arianer im großen Stil zu verantworten hat, (siehe S. 84) fielen die Häupter der in Ungnade gefallenen Nichtathanasianer - der Nichttrinitarier - gleich massenweise.

Der byzantinische General Belisar, der 534 für seinen athanasianischen Kaiser Justinian gegen die arianischen Vandalen in Nordafrika und später gegen die arianischen Goten in Italien verheerend zuschlug, setzte schließlich nur um, was die Alexandriner Alexander und Athanasius 200 Jahre zuvor gewünscht hatten.

Hier fragt sich bereits, ist all das den Anhängern der *christlich-ökumenischen Kirchengemeinschaft* wirklich bekannt?

Das liege zu lange zurück? Judas Verrat liegt auch schon lange zurück und die Zerstreuung Israels in die Ferne und in die babylonische Gefangenschaft ebenfalls. Die Folgen allerdings sind bis heute sicht- und spürbar.

---

72 Geschichte der Katholischen Kirche bis 1740“ mit Imprimatur Romae, 27. Nov. 1981 Morus-Verlag, Berlin S. 76

Die „christlich-ökumenische Kirchengemeinschaft" hat die vergifteten Verbindungsfäden zum Athanasianismus nie abgeschnitten.

Dem athanasianisch-nicäischen Bekenntnis entspricht der Trinitätsglaube. Er ist den etwa 2,2 Milliarden Christen von ihren Kirchen weltweit vorgeschrieben und, wie jeder hören kann, wird das vom nicäischen Bekenntnis abgeleitete Nicäo-Konstantinopolitanum sonntags in vielen Kirchen der Welt aufgesagt, allerdings, wie ich selbst bemerkte, häufig gedanken- und bedenkenlos.

> „Ob du das verstehen kannst oder nicht, das Athanasium enthält den Trinitätsglauben, der besagt, dass drei gleich eins ist."

Der athanasianische Trinitätsglauben gerät aber seit etwa 1970 zunehmend in die Kritik. Höchste Würdenträger zweifeln heute schon öffentlich an seiner Richtigkeit. (Siehe S. 80)

Um sicher zu gehen, wovon wir reden, sei an Michael Servet erinnert, den berühmten Entdecker des kleinen Blutkreislaufes. Er wurde 1553, auf Betreiben des konstantinisch-athanasianischen Reformators Johannes Calvin zum Tode verurteilt und mit ausgewählt grünem Holz verbrannt, nur weil der Gelehrte darauf bestand, gut arianisch, (= mormonisch) zu sagen: „Gott hat ein Antlitz!"

Verdeutlichen wir erneut den Unterschied zwischen arianischem und athanasianischen Glauben, diesmal an zwei Bildern:

 Diese Deckenmalerei in der evangelischen Gemeinde Kempele, Finnland, ist einer der modernen trinitarischen Deutungsversuche. So in etwa versuchen die ökumenischen Christen Gott oder die Gottheit zu denken, **nachdem** Kaiser Konstantin sein eigenes Gottesbild mit dem der ersten Christen vermischte.

Unser fiktiver Urchrist aus dem 2. Jahrhundert würde wohl an dieser Stelle fragen: „ Soll das mein himmlischer Vater sein, vor dem ich dreimal des Tages meine Knie beuge?"

Wieviele Leute seit je und heute im Herzen Arianer sind, können wir nicht wissen – wir wissen nur, dass niemals irgendjemand mit dem

Bekenntnis von Nicäa verträglich leben konnte. Der evangelische Professor für systematische Theologie Bernd Oberdorfer, Augsburg, gibt das ehrlich zu:

> *„Verlegenheit ist noch das harmloseste, was viele Christen (darunter nicht wenige Theologen) befällt, wenn die Sprache auf die Trinitätslehre kommt. Muss, wer an Jesus Christus glaubt, sich auch das paradoxe „Hexeneinmaleins" (Goethes) zu Eigen machen, dass Gott einer und drei zugleich ist?"* [73]

Dem Bild von Kempele gegenüber steht das Dreifaltigkeitsgemälde von A. Rubljow (1370-1430). Die Ikone genießt in der Russisch-orthodoxen Kirche hohes Ansehen. Sie würde in etwa dem **arianischen** bzw. dem ‚mormonischen' Gottesbild entsprechen. Andererseits verurteilte das 4. Laterankonzil, 1215, unter Leitung Innozenz III. solche Vorstellung als unzulässig **tritheistisch,** während die Russisch-orthodoxe Kirche die das Athanasium in der vorliegenden Form zwar nicht kennt, aber auch nicht ausdrücklich missbilligt, solche Deutung zulässt.

Das nebulöse Gottes-Bild ist tatsächlich auf einen **unbiblischen** Begriff zurückzuführen. Hören wir zwei Zeugen von Rang: 1.) Prof. Dr. Hans Küng, der von seiner Kirche gemaßregelte Theologe, der anzweifelt, dass der Papst in der apostolischen Nachfolge des Petrus steht, und 2.) Adolf von Harnack.

Prof. Küng sagt in seiner „Kleine Geschichte der katholischen Kirche": Kaiser *„Konstantin selber lässt das nachher so sehr umstrittene* **unbiblische** *Wort ‚wesensgleich' griech. Homousios lat. ‚consubstantialis* (in die urchristliche Glaubenswelt) *einfügen...* (ein Wort das den Kern des Athanasiums darstellt) *Die Unterordnung des Sohnes unter den einen Gott und Vater (der Gott) , wie von Origenes und den Theologen der Vorzeit allgemein*

---

73 Bernd Oberdorfer „Zeitzeichen", evangel. Kommentare, Aug 2004

gelehrt, wird jetzt ersetzt durch eine wesenhafte, substantielle Gleichheit des Sohnes mit dem Vater." Da liegt das Schwergewicht.

Nicht vergessen: Origenes wird auch an dieser Stelle nicht zufällig als Hauptzeuge für urchristliches Wissen benannt.

Origenes Gottesbild mag in einigen Fällen undeutlich sein, dass er von drei unterschiedlichen Personen (Hypostasen) der Gottheit spricht ist korrekt und steht klar gegen die Gottesvorstellung der *christlich-ökumenischen Kirchengemeinschaft.*

Diese unbiblische Einfügung durch einen heidnischen Kaiser in ein christliches Bekenntnis hatte riesige Konsequenzen. Es raubte Gott Jesus Christus mehr als nur die Gestalt und das Gesicht, es verwarf seinen Geist.

Der evangelische Spitzentheologe Adolf von Harnack spricht vom Athanasium unmissverständlich als von einer „ *grossen* **Neuerung,** *nämlich der Erhebung zweier* **unbiblischer** *Ausdrücke zu Stichworten des Katholischen Glaubens.... Im Grunde war nicht nur Arius abgewiesen, sondern auch Origenes... fortan musste die Kirche die* **Last einer ihr fremden Glaubensformel** *tragen.* "[74]

Es gab eine Zeit, in der Theologen sagten: wer nicht nicäisch glaubt, der ist kein Christ. Das war einmal, die Zeiten haben sich geändert.

Eine Mehrheit von Göttern

Werfen wir einen Blick auf jenen Textteil des Athanasiums, der auf Konstantins Drängen hin entstand, und der nicht nur unseren Urchristen, sondern jedermann in höchstes Erstaunen versetzt, sobald er sich Zeit nimmt auch nur eine Minute darüber nachzudenken:

Zwischen einer Reihe **unstrittiger Aussagen** stehen im Athanasium diese Worte geschrieben:

> „ *dennoch nicht drei Götter, sondern ein Gott. So Herr der Vater, Herr der Sohn, Herr der Heilige Geist; und dennoch nicht drei Herren, sondern es ist ein Herr: Denn wie wir durch die christliche Wahrheit geheißen werden, jede Person einzeln als Gott und Herrn zu bekennen, so werden wir durch den katholischen Glauben daran gehindert, von drei Göttern oder Herrn zu sprechen.* "[75]

74 Adolf von Harnack „Lehrbuch der Dogmengeschichte" Mohr-Siebeck, 1990, S. 232
75 www.heiligenlexikon.de/Literatur/Athanasianisches_Glaubensbekennntnis.html

Ich wiederhole: um seine - wie sich zeigen wird - höchst persönliche und unausgereifte Gottesvorstellung einzubringen lässt nach den Worten Prof. Küngs

> *„Konstantin selber das nachher so sehr umstrittene* **unbiblische** *Wort wesensgleich griech. Homousios lat. ‚consubstantialis (in die urchristliche Glaubenswelt) einfügen... Die Unterordnung des Sohnes unter den einen Gott und Vater, wie von Origenes und den Theologen der Vorzeit allgemein gelehrt, wird jetzt ersetzt durch eine wesenhafte, substantielle Gleichheit des Sohnes mit dem Vater.“* [76]

So entstand die trinitarische Theologie.

Mit ihr beharrt die *christlich-ökumenische Kirchengemeinschaft* darauf, dass da *„nicht drei Götter sind, sondern nur ein Gott.“* obwohl gerade das Neue Testament davon nichts weiß. Wie war das doch? Ich wiederhole es noch einmal: *„Denn wie uns die christliche Wahrheit* **zwingt**, *jede Person einzeln für sich als Gott und als Herrn zu bekennen, so verbietet uns der katholische Glaube von drei Göttern oder Herren zu sprechen...“*

Man traut seinen Augen und Ohren nicht, dieses für christusgläubige Menschen verbindliche Glaubensbekenntnis sagt unverschämt, dass seine wichtigste Aussage unchristlich und unbiblisch, aber dafür katholisch ist.

Wenn mich persönlich die Heilige Schrift oder die christliche Wahrheit oder mein Gewissen zwingen würde etwas zu bekennen, kann mir dann der Glaube irgendeiner Kirche etwas **Anderes** vorschreiben? Gibt es, außer dem allmächtigen Gott, eine höhere Autorität als die Heilige Schrift?

Und obendrein droht der Eingangstext des Athanasiums der gesamten Menschheit: *„Wer da selig werden will, der muss vor allem den katholischen Glauben festhalten. Jeder, der diesen nicht unversehrt und unverletzt bewahrt,* **wird ohne Zweifel ewig verloren gehen...“**

Man sollte meinen, dass da geschrieben stehen müsste: *„Wer selig werden will muss an der Wahrheit Christi und am Geist der Wahrhaftigkeit festhalten, wer selig werden will, muss die von Jesus geforderten guten Früchte hervorbringen und mit den ihm anvertrauten Talenten zugunsten der Schwächeren arbeiten und rechtschaffen leben.“*

Was würden unsere Kritiker sagen, wenn es seitens der Kirche Jesu Christi der Heiligen der Letzten Tage heißen würde: *„**Denn wenn uns**

---

76 Hans Küng, „Kleine Geschichte der katholischen Kirche“, S. 61

*auch die christliche Wahrheit und die Heilige Schrift zwingt, dies und jenes zu glauben, so verbietet uns doch der ,**mormonische'** Glaube, christliche Wahrheit zu glauben"*?

„....*und wenn du nicht ,mormonisch' glaubst gehst du für ewig verloren.* "Zu recht würden sie uns fragen ob wir noch recht bei Troste sind.

Das Nicäum gehört sicherlich zu den wichtigsten Bekenntnissen, die gemäß dem an Joseph Smith ergangenen Wort in „*(**Gottes**) Augen ein Gräuel*" sind.

Die Änderung und Reduzierung des Wortes „homouisios" auf das unbiblische Wort „homousios" war für nahezu alle Konzilsteilnehmer eine Zumutung.

Und zwar kam diese Änderung, oder wie Goethe es nennt, dieser *Raub des Jota*[77] zustande weil Konstantin, wesensgleich mit seinem Vater werden wollte, nachdem dieser 306 verstarb, sowie wesensgleich mit allen anderen Göttern.

Nur ein schnell zupackender Griff und dann war es eben doch geschehen.

Der trinitarische Gott kann kein Angesicht haben, sonst müssten es drei Gesichter sein und dann wieder drei Personen, aber dann geht, gemäß dem Bekenntnis von Nicäa, derjenige, der das glaubt, „*ewig verloren.* "Von alledem steht in der Bibel kein Wort geschrieben.

---

77 „Denn eben, wo Begriffe fehlen,
   Da stellt ein Wort zur rechten Zeit sich ein.
   Mit Worten läßt sich trefflich streiten,
   Mit Worten ein System bereiten,
   An Worte läßt sich trefflich glauben,
   Von einem Wort läßt sich kein Jota rauben."

Ist der Gottkaiser Konstantin selbst der trinitarische Gott?

Konstantin war bereits mit dem Verständnis aufgewachsen *„der (römische) Kaiser gleiche dem Gebieter des Weltalls."* [78]

Das war es, was Konstantin immer wieder hörte, als er am Hof Kaiser Diokletians als Kind und Jugendlicher (als Geisel für das Treueverhalten seines Vaters) leben musste: Der Kaiser, so glaubte man damals, ist Gebieter auf Erden und im Himmel.

Kaiser Diokletian, sozusagen Konstantins Ziehvater, war der *dominus et deus.* – der Herr und Gott, und zwar war er der gegenwärtige Gott, der ‚liebe Gott', der heidnischen Römer, aber noch nicht der Gott der Christen.

Im Jahr 303 begann die letzte Christenhatz, weil eine von Diokletian anbefohlene Eingeweideschau misslang:

> *„Der Priester sagte, die Götter zürnten ihm wegen der Anwesenheit unheiliger Personen. Damit waren die Christen gemeint. Daraufhin mussten alle Beamten des kaiserlichen Palastes den römischen Göttern opfern, oder sie wurden ausgepeitscht... Auch bei einer Befragung des Apollo-Orakels in Milet antwortete der Gott seinen Priestern, dass die Christen die Beziehung zu den Göttern störten. Daraufhin ließ der Kaiser in Nikomedia eine christliche Kirche niederreißen und deren heilige Bücher verbrennen. In einem Dekret, von 303, ordnete er an, in der ganzen Provinz sollte die Gebetshäuser und Bücher der Christen zerstört werden, die Christen sollten aus allen Ämtern entlassen werden und ihre Privilegien verlieren. Als nun noch im Palast ein Brand ausbrach, wurden die Christen dafür verantwortlich gemacht."* [79]

Die Welle der Verfolgung lichtete die Reihen der Treuen – noch widerstanden sie dem Begehren der römischen Kaiser, angebetet zu werden.

Konstantins Strategie war eine total andere. Er wird die Christen umarmen und an sich ziehen, nicht verstoßen.

---

78 Alexander Demandt „Diokletian und die Tetrarchie" – „Aspekte einer Zeitenwende" Walter de Gruyter, 2004, S. 31
79 Anton Grabner, Haider, Johann Maier, „Kulturgeschichte des frühen Christentums" Vandenhoek & Ruprecht 2008. S. 113

Alexander Demandt beschreibt, wie ein Lobredner diesen Kaiser-Gott-Glauben der Heiden erklärte. Während eines Gottesdienstes, den Konstantin in dieser Form wiederholt erlebt haben muss, denn das erforderte die Loyalität, hörte er:

> *„Du (Diokletian) gleichst denen die Dich zeugten, durch sie regierst Du die Welt unvergleichlich, Du (Kaiser) der diis geniti et deorum creatores, der von den Göttern gezeugte und Erzeuger von Göttern...in Dir leben die numina* (d.h. die Gottheiten G.Sk.) *von Jupiter und Hercules - wir rufen Dich an, wir rufen Dir zu, jeden Sieg zu erringen ist uns heilig und mit uns bist Du der praesens deus - weshalb wir uns nicht fürchten, weshalb es uns eine Ehre ist, Dir unser Leben zu Füßen zu legen – Heil dir! Deine Herrschaft ist nicht nur durch die Erdgegenden begrenzt* **sondern sie reicht darüber hinaus in die Regionen ewiger Himmel.** *Wie wir auf Erden durch Dich glücklich werden, so als gelangten wir in Deine Gegenwart, stehen wir heute im Adyton - dem Allerheiligsten und spenden Dir unsere Treue. Wie der Weihrauch Deiner heiligen Priester umweben wir Dich."* [80]

Seine Gottheit Diokletian war oft gar nicht anwesend, wenn er angebetet wurde. In solchem Fall hielt ein Jupiterpriester das Bild des Imperators in die Höhe, denn *„***es wurde spätestens seit dieser Zeit geglaubt, dass der Kaiser und sein Bild eins seien"*** sagt Alexander Demandt.

Liegt hier der Keim des nicänischen Bekenntnisses?

Für Konstantin stand wenig später fest, dass sein Vater Konstantin Chlorus, der 306 verstarb *„Herrscher auf Erden war und nun* **Gott im Himmel ist.***"* [81]

Noch am Vorabend der legendären Schlacht an der milvischen Brücke am 28. Oktober 312, als er antrat, den Bruder seiner Frau Fausta, Maxentius von Rom, aus rein machtpolitischem Kalkül zu erledigen, war Konstantin unsicher. Er bettelte zum römischen Sonnengott Sol Invictus: *„Wer bin ich? Was hast du mir bestimmt? Bist du in mir? Ich bitte*

---

80 Alexander Demandt „Diokletian und die Tetrarchie" – „Aspekte einer Zeitenwende" Walter de Gruyter, 2004, S. 31
81 Manfred Clauss „Kaiser und Gott". - Herrscherkult im römischen Reich - KGSaur, 2001, S 196

dich, offenbare mir wer ich bin! Reichst du mir deine Rechte zum bevorstehenden Kampf?" [82]

Allein dieses Gebet, das sich an den Gott seines Vaters Konstantin Chlorus richtete, nämlich an den altrömischen Gott der Schlachten, Sol Invictus, macht die leichtfertige Annahme zunichte: Jesus habe geantwortet und Konstantin die **Kreuzesvision** und die **Verheißung** geschenkt: *In diesem Zeichen sollst du siegen...*

Bedenke zudem: **Weder das X, noch das sogenannte Christogramm ☧, noch das Kreuz † war irgendeinem Christen, vor dem Jahr 375, als Symbol für das Christsein bekannt!** (Siehe S. 9) **Nur dann, wenn die Christen um 300 Kreuzesverehrer gewesen wären, hätte es auch Sinn gemacht, Konstantins Siegeszeichen christlich zu deuten!**

Raffael malte 1200 Jahre später lediglich was der Zeitgenosse und Kollaborateur, Eusebius von Cäsaräa, in seiner Kirchengeschichte über diese Vision schildert: Konstantin hätte eines Nachmittags, nachdem er Sol Invictus flehentlich angerufen hatte, von Jesus die Antwort erhalten, er werde in diesem Zeichen siegen. Alle seine Soldaten hätten das miterlebt. Wirklich?

Zudem erhebt sich die Frage: Hat irgend ein Zeichen mit der Umschrift: „En touto nika" („In diesem Zeichen sollst du – Konstantin – siegen"), irgendwann eine positive Wende in Konstantins Leben gebracht?

Hat es je Gutes bewirkt? Da war sowieso nicht die Rede davon, dass die Kirche Christi siegen soll. Wollte Konstantin jemals etwas anderes oder ein anderer sein als der Sonnengott Sol Invictus, der uralte Gott großrömischer Menschenschlächtereien?

Lauter Ungereimtheiten: Konstantin und seine Armee sollen gemeinsam das Kreuz direkt neben der Sonne gesehen haben?

Kein Soldat hat je davon berichtet. Der moderne Konstantin-Historiker Ramsey MacMullen, schrieb: *"If the sky writing was witnessed by 40,000*

---

82 Schlange-Schöne „Konstantin der Große und der Kulturkampf" 1997 S. 385

men, the true miracle lies in their unbroken silence about it" [83] [Wenn 40 000 Mann Zeugen der Schrift am Himmel waren, liegt das wahre Wunder in ihrem ungebrochenen Schweigen darüber.]

Was wahr ist, muss wahr bleiben: das Siegeszeichen ☧ wurde von Heidengöttern vergeben.

Rückseite einer Münze des Usurpators Vetranio, geprägt 350 in Siscia. Der Kaiser mit dem Labarum wird von der griechischen **Göttin des Sieges Victoria** bekränzt. Die lateinische Umschrift lautete: wie angeblich schon bei Konstantin,: *„Mit diesem Zeichen wirst du Sieger sein.*[84]

Vetranio war nur zehn Monate lang römischer Kaiser, - und zwar von März bis Dezember 350 - er soll ebenfalls *„die Erscheinung eines mehrere Stunden lang sichtbaren, kreuzförmigen Himmelszeichen über Jerusalem" gesehen haben, aber für die Kirche hat er nichts bewirkt, zudem war er mit Kriegen beschäftigt.*[85]

Alles ist widersinnig! Wer zum Vater im Namen Jesu Christi im Geist und in der Wahrheit betet, wird in seinen Geist hinein, vom Geist Christi und durch die Macht des Heiligen Geistes Wahrheit erhalten. Das sagen die biblischen Schriften ebenso wie das Buch Mormon.[86]

Wer sich an Baal oder Sol Invictus wendet, kann allenfalls von Baal oder Sol Invictus eine Antwort erhalten. Denken wir daran, es sind Sol Invictus=Apollo=Mithra und Victoria die wiederholt ihr Versprechen in diesem ☧ Symbol abgaben, nicht Jesus Christus.

Der größte Sol Invictus Verehrer aller Zeiten hatte nun, 13 Jahre nach dieser angeblichen Vision und nachdem er angeblich 312 das Symbol ☧

83 Ramsey Mc Mullen „Constanine", 1969, Croom & Helm, USA S. 73
84 Münze Bruno Blackmann „Konstantin der Große" Rowohlt, 1996 München Staatl. Kunstsammlung.
85 Prof. Manfred Clauss „Die römischen Kaiser" „55 historische Portraits von Cäsar bis Justinian" C.H.Beck, 2005
86 Matth. 7: 7-11; Moroni 7: 16; 10: 4-5

erhalten haben soll, das für die Europäer der darauffolgenden 1500 Jahre entscheidende Konzil von Nicäa einberufen, um auch dort zu siegen.

Sogar in Nicäa, zu Konzilsbeginn 325, trat Konstantin als Sonnengott Sol Invictus auf, und zwar diesmal mit der Absicht seine eigene Kirche zu bauen!

Die christlichen Priester sollten *ihm!* dienen! Eusebius von Caesarea, obwohl ein Arianer, ist durchaus kein Ehrenmann. Von Anfang an schmeichelt er Konstantin unverschämt: nennt ihn frevlerisch: *„den Engel Gottes"* [87] „den Führer und Herr" ebenda - eben exakt das, was die ersten Glaubenszeugen so entschieden verweigerten anzuerkennen: dass der Kaiser Herr der Christen ist.

Eusebius fährt fort, Konstantin weise *„Ähnlichkeiten mit dem Logos (Christus) auf".*[88]

Eben diese Duldung kaiserlicher Anmaßung, er sei Gott, nämlich der einzige Gott den es gibt, sollte zur Vernichtung der Urkirche führen.

Eusebius von Caesarea hatte solche Lobreden geschrieben, nachdem der Kaiser zum eiskalt rechnenden Vielfachmörder geworden war.

Das Ökumenische Heiligenlexikon urteilt:

> [Konstantin wollte] *„einen einheitlichen ideologischen Überbau schaffen.* **Seine Handlungen waren durchweg geleitet vom Ziel, die Macht auszubauen;** *seinen Schwiegervater, Kaiser Maximianus, ließ er 310 erhängen, seinen Schwager Licinius erwürgen, dessen Sohn degradierte er zum Sklaven und ließ ihn tot schlagen; Crispus, seinen Sohn aus erster Ehe, und Fausta, seine Frau, ließ er 326 ermorden, weil er die beiden verdächtigte, eine Beziehung miteinander eingegangen zu sein. Folge des Todes von Fausta war, dass ihr gesamter Besitz aus dem Erbe der Laterani endgültig an den Papst kam."*[89]

Die Christen unserer Tage wissen das.

---

87 Patricia Just, „Zum Verhältnis von Staatsgewalt und christlicher Kirche zwischen dem 1. Konzil zu Nicea (325) und dem 1. Konzil zu Konstantinopel (381)" , Franz Steiner Verl. 2003 , S. 23
88 ebenda
89 www.heiligenlexikon.de/BiographienK/Konstantin_der_Grosse.htm

Das Konzil tagte angeblich vom 20. Mai bis zum 25. Juli 325 in einem Saal des kaiserlichen Sommerpalastes in Nicaea. Das Hauptthema lautete wie gesagt: *Sind Jesus und der Vater eines Wesens oder nur einander ähnlich?* Der strikte und hoch intelligente Monotheist Konstantin sagte es gleich um was es ihm geht: *„ich will... die ganze Kette von Streitigkeiten durch Gesetze des Friedens lösen."* [90]

Immer wieder sind die Diktatoren aller Zeiten, mit dem Wort ‚Frieden' zur Hand, wenn sie absolute Macht meinen.

Eusebius, der Berichterstatter, unterschlägt an dieser Stelle seines Berichtes, dass Konstantin nur einen Gott kannte: nämlich sich selbst. Konstantin ist der gemeinsame Herr und Erlöser. Nach Eusebius soll Konstantin gar ein wunderbarer Mann gewesen sein, der zu Recht mit der Sonne der Gerechtigkeit verbunden und verglichen wurde.

Nur, dieser Anspruch muss sich an Jesajas Kriterium messen lassen: *„Die Frucht der Gerechtigkeit wird Friede sein."* [91]

Hat Konstantin wenigstens seiner Welt den Frieden beschert?

Eine weitere Ungereimtheit ist, dass das Fest des unbesiegten Sonnengottes Sol Invictus zum Geburtstag Jesu Christi erklärt wurde.

Fünf Jahre **nach** Nicäa ist Konstantin, gemäß seinem Selbstverständnis, immer noch derselbe Sonnengott:

> *„Am Tage der feierlichen Einweihung Konstantinopels, am **11. Mai 330**, - gab es zu Konstantins Ehren Festspiele im Zirkus. Soldaten mit Kerzen in der Hand geleiteten die Statue Konstantins, die ihn in der Haltung und im Gewand des **Sonnengottes** darstellte, durch das Spalier **kniender** Menschen und am Fuße der Porphyrsäule, auf die sie hinaufgeschoben wurde ließ man Weihrauch verbrennen... am Sockel der **Konstantin-Helios** Statue, auf dem Forum wurde das solange und so ehrfürchtig gehütete Palladium der Vestallinnen (Priesterinnen der römischen Göttin des Herdes) aufbewahrt... Dieses war das Unterpfand des göttlichen Schutzes des Reiches, und der Kaiser selber betrachtete sich als seinen Hüter..."* [92]

---

90 Eusebius von Caesarea „ Vier Bücher über das Leben Kaiser Konstantins", generiert von der elektr BKV von Gregor Emmenegger
91 Jesaja 32:17
92 William Seston „Verfall des Römischen Reiches im Westen" S. 535

Frank Kolb beschreibt und bestätigt das:

> *„Es wird berichtet, dass die Kolossalstatue Constantins auf der Porphyrsäule... von Heiden und Christen verehrt wurde und letztere (die Christen) versuchten das Bild Konstantins ... mit Opfern gnädig zu stimmen und mit Lampenfesten und Räucherwerk zu ehren, (sie)* **beteten ihn (Konstantin) wie einen Gott an** *und leisteten Fürbitten die vor schrecklichen Dingen Abwehr schaffen sollten... Constantin als Apollo-Helios entsprach der Darstellung Christi als Sonnengott...".* Diesen Text muss man ein Weile auf sich wirken lassen: die Christen *„versuchten das Bild Konstantins ... mit Opfern gnädig zu stimmen und mit Lampenfesten und Räucherwerk zu ehren, (sie)* **beteten ihn wie einen Gott an** *und leisteten Fürbitten die vor schrecklichen Dingen Abwehr schaffen sollten... Constantin als Apollo-Helios entsprach der Darstellung Christi als Sonnengott..."* [93]

Manfred Clauss fasst es in die Worte:

> *„Wenn wir die Ebene der theoretischen Erörterungen verlassen und uns den Glauben der ‚kleinen Leute' anschauen, dann verwischen sich die Unterschiede zwischen paganer und christlicher Frömmigkeit rasch, dann erfährt Konstantin göttliche Verehrung von Anhängern der alten heidnischen, wie der neuen christlichen Kulte. ...Konstantin wollte sich erst spät, gegen Ende seines Lebens taufen lassen... im Jordan... wo schließlich auch der getauft worden war,* **der er sein wollte: Christus***. Ob Konstantin je getauft wurde wissen wir nicht."* [94]

Konstantin wollte der Christus sein? Und die Christen seiner Zeit haben das hingenommen? Nein! Sie haben sich tapfer gewehrt, bis brutale Staatsgewalt ihren Widerstand allmählich brach, nämlich mit mörderischen Aktionen plus dem Gesetz zum Glaubenszwang.

Athanasius war es, der blutjunge alexandrinische Diakon der nach höchsten Ehren strebte, der den Krieg eröffnete gegen diejenigen, die sich davor verwahrten, Konstantinianer zu werden.

---

93 Frank Kolb „Herrscherideologie in der Spätantike" Akademie-Verlag, Berlin, 2001 S 83-84
94 *Manfred Clauss* „Kaiser und Gott", - Herrscherkult im römischen Reich - KGSaur, 2001, S 205; 459

In und gleich nach Nicäa legt der kleine Giftzwerg los. Der bekannte Theologe Schleiermacher kann jedenfalls nicht umhin festzustellen, dass

> *„Athanasius... das Signal zu den Verfolgungen gegeben hat. Schon auf dem Nicänischen Konzil mag er die Hauptursache des strengen konstantinischen Dekrets gewesen sein... Er fängt überall mit Schimpfen und Heftigkeit an und ist unfähig und unbeholfen im Disputieren."* [95]

Bereits in seiner zuverlässig überlieferten 1. Rede gegen die Arianer tönt Athanasius: *„Wenn man sie aber logisch untersucht, so wird es sich herausstellen, dass sie (die andersdenkenden Christen) bitteren Spott und Hohn verdienen..., verdienen sie nicht allen Hass?"* [96]

Auch Hans Lietzmann stellt fest: *„Er wird die nicänische, orthodoxe Leitfigur der kommenden Kämpfe."* [97]

Das Buch Mormon lehrt gegen diesen Trend zum Inhumanen: *„Es ist nicht meine, [Jesu], Lehre, dass den Menschen das Herz zum Zorn aufgestachelt werde, sondern es ist meine Lehre, dass es derartiges nicht mehr geben soll. ...* **Wer den Geist des Streites hat, ist nicht von mir...** *"* [98]

Athanasius Anklagen verstummten nie wieder:

> *„Unter Rückgriff auf typische Formen der Polemik greift Athanasius seine Gegner an und* **diskriminiert ihre Handlungsweise grundsätzlich.**... *dass die Arianer sich wie dauernd umherschwirrende Stechmücken verhalten, ist eine Metapher, die Athanasius immer wieder verwendet."* [99]

Von da an, so urteilt auch Adolf von Harnack, erfüllte *„die Sprache des Hasses die Kirchen."* [100]

Schon die Art, wie Athanasius nach dem Tode seines Bischofs Alexander 327 sich *„in einer Art Husarenritt von einer Minderheit zu seinem Nachfolger"* wählen ließ, hätte selbst seine Sympathisanten stutzig machen müssen. Jetzt wollte er Metropolit und mehr werden!

---

95 Joachim Boekels, „Schleiermacher als Kirchengeschichtler", Dissertation 1993

96 Maßgebliche Werke des Hl. Athanasius in der Übersetzung der "Bibliothek der Kirchenväter" (auch in RTF-Format)

97 Hans Lietzmann „Geschichte der Alten Kirche", de Gruyter, 1999, S. 8

98 3. Nephi 11: 30, 29

99 Annette von Stockhausen „Athanasius von Alexandria Epistula ad afros." Walter de Gruyter Uni Erlangen 2001 S. 186-187

100 A. von Harnack „Lehrbuch der Dogmengeschichte" Mohr-Siebeck, 1990 S.236

Seine Reden wurden immer schärfer. Im menschenverachtenden Ton eines kommunistischen Kommissars der 20-er Jahre gegen Kulaken und angebliche Konterrevolutionäre hetzte der Häretiker:

> *„Ich glaubte, die Heuchler des arianischen Wahnsinns würden sich auf das, was ich bisher zu ihrer Widerlegung und zum Erweis der Wahrheit vorgebracht habe, zufrieden geben und nunmehr sich ruhig verhalten und bereuen, was sie vom Heiland übel gedacht und geredet haben. Sie aber geben in unbegreiflicher Weise auch jetzt noch nicht nach, sondern wie* **Schweine und Hunde** *in ihrem eigenen* **Auswurf und Kot** *sich wälzen, so erfinden sie vielmehr* **für ihre Gottlosigkeit** *neue Wege.“* [101]

Wer nicht konstantinisch glaubt, wie er, der ist gottlos, die

> *„...Arianer (sind) keine Christen... Sie sind die* **Erfinder von Gotteslästerungen** *und in Wahrheit die* **Gottesfeinde**, *da sie sich, um den Sohn nicht als Bild des Vaters anerkennen zu müssen, vom Vater selbst leibliche und irdische Vorstellungen machen...“* [102]

Bald brachte der alexandrinische Volksmund das Sprichwort auf: *Athanasius contra mundum.* Athanasius gegen die Welt.

Er hält sich für den großen Sachverständigen und folgert messerscharf:

> *„...Wenn aber Gott nicht wie ein Mensch (aussieht), er ist es nämlich nicht, so darf man auf ihn keine menschlichen Eigentümlichkeiten übertragen... Vergebens also sannen die Unverständigen auch dies aus, sie, die vom Vater das Bild loslösen wollten, um den Sohn der Kreatur gleichzustellen. Indem nun die Anhänger des Arius nach der Lehre des Eusebius ihn in die Reihe des erschaffenen Wesen stellten und ihn dem gleichgeartet erachteten, was durch ihn entsteht, so weichen sie von der Wahrheit ab, und indem sie sich trügerische Sprüchlein schmiedeten, gingen sie im Anfang, als sie diese Häresie schufen, überall herum...“* [103]

Athanasius 'Verdienst' besteht darin, Verwirrung und Intoleranz zur Kirchennorm erhoben zu haben.

---

101 Maßgebliche Werke des Hl. Athanasius in der Übersetzung der "Bibliothek der Kirchenväter" (auch in RTF-Format) Aus der 1. Rede
102 ebenda
103 ebenda

Nahezu jeder Schritt der nachnicäischen Christenheit führte von der Erlösung fort, hin zum Verderben.

Daraus ergab sich die Notwendigkeit einer Wiederherstellung.

Die Vorgänge die infolge des Konzils zu Nicäa, 325, heraufbeschworen wurden, sollte jeder Christ näher kennen lernen.

Unsere Kritiker mögen bedenken, warum wir „Mormonen", - jeder Einzelne für sich, - nicht länger in den Spuren des traditionellen Christentums gehen konnten.

Tatsachen lassen sich nicht tilgen, niemand darf sie leugnen. Aber man darf sie bedauern und bereuen. Jesus Christus hat einen Weg bereitet, dass sie uns nicht wie Mühlsteine am Hals hängen. Der Weg ist einfach: *Glaube an den Herrn Jesus Christus, Buße, Taufe durch Untertauchung zur Vergebung der Sünden* [104] durch Männer die dazu bevollmächtigt sind. Eben ‚Männer', weil sie stellvertretend für Jesus amtieren - und Jesus war ein Mann und keine Jesusa.

Und zwar haben christliche Amtshandlungen in der von Jesus bestimmten Reihenfolge zu geschehen. Ein Säugling kann weder glauben, noch Buße tun (nach Luther ist ‚Buße' innere Umkehr üben, das entsprechende Wort aus dem griechischen Urtext lautet ‚*metanoia*'). Das Buch Mormon lehrt, es sei sowieso ein Spott auf Gott, unschuldige Kleinkinder zu besprengen und diese Zeremonie Taufe zu nennen.[105] Auch weil die erwähnte Reihenfolge geändert wurde, weil der Taufe die Buße vorausgehen muss, um dem Bündnis mit Gott Gültigkeit zu verleihen, hat der Herr seine Kirche wieder erneuert. Er hat sich, als die Zeit dafür herangereift war, einen jungen Mann erwählt, Joseph Smith, und ihn mit Wissen und Vollmacht ausgestattet. Das zu bezweifeln ist ebenso legitim, wie umgekehrt dem Propheten Joseph Smith Glauben zu schenken, zumal, das was er sagt, offensichtlich mehr Sinn macht, als alle anderen Erklärungen.

Die Kirchenpolitiker erlaubten in Nicäa staatliche Einflussnahme auf die Geschicke und Lehren der Kirche Christi. Damit gaben sie nicht nur ihr eigenes Recht auf Entscheidung preis, sondern auch das derer, für die sie angeblich sprachen. Zudem befürworteten nicht wenige Bischöfe in und nach Nicäa eine Verschmelzung von Gold und

---

104 Apg. 2: 38
105 Buch Mormon, Moroni 8

Schlacke. Sie stimmten nämlich dem von Kaiser Konstantin gewünschten Mix aus Jesus und Sol Invictus zu. **Daraufhin hörte das Leuchten auf,** denn Sol Invictus war der altrömische Gott der Soldaten und der Schlachten – der Gott des Menschenschlachtens.

Einige Karrierechristen, wie Bischof Alexander von Alexandria und sein Diakon Athanasius förderten diese Vermischung geradezu vehement. Ludwig Hertling beschreibt die Gesamtsituation um und nach 400, nachdem das Konstantinisch-Athanasianische sich innerhalb der Kirche mehr und mehr breit machte:

> *„Auf die Zeit der großen Kirchenväter [Athanasius, Ambrosius, Chrysostomos, Augustinus, Gregor von Nazians, Epiphanius usw. G. Sk.] folgten Jahrhunderte ohne Glanz. Die Kirche, und mit ihr die europäische Geschichte tritt, nachdem sie noch soeben durch leuchtende Landschaften gereist ist, in einen dunklen Tunnel ein, der nicht enden zu wollen scheint...Viele Umstände haben zusammen gewirkt, um die antike Welt in diesen Zustand der Ohnmacht oder Erstarrung zu bringen, der zeitweise einem wirklichen Sterben ähnlich sieht..."* [106]

,Die Kirche' starb tatsächlich, und mit ihr die Stadt und das Reich Rom. Auf den Trümmern entstand eine ganz andere Welt.

Die Resultate moderner Geschichtsforschung weisen immer wieder statt auf Jesus Christus auf Kaiser Konstantin als den Vater des ,traditionellen' Christentums. Prof. Wolmeringer ein bekennender Christ und Kommunikationswissenschaftler von Rang, gelangte wie zahllose andere Experten zu dem Schluss, dass: *„Konstantin für die Entstehung des katholischen und orthodoxen Christentums verantwortlich ist."* [107]

Den Wahrhaftigen stellt sich unweigerlich auch diese Frage: War der in Nicäa geschaffenen Konstantinkirche der Friede wichtiger als die Machterringung, oder umgekehrt? Wollte sie vielleicht doch, mit Konstantin an der Spitze, die Schöpferin eines gar *„gottgewollten Friedensreiches"* werden? Wir erinnern uns, dass der Kirchenhistoriker Kraft zusammenfasste:

---

106 Ludwig Hertling „Geschichte der Katholischen Kirche bis 1740 (mit Imprimatur des Vatikans)
107 Wolmeringer,,,Konstantin-Artikel" vom 05.03.07 im Internet, S.2:

„..... Die Diener Gottes, die Kleriker unterstützen den Kaiser, den Knecht Gottes dabei, das gottgewollte Friedensreich herbeizuführen. Das Konzil ist ein repräsentativer Staatsakt, aber der Staat, der sich ihm darstellt, ist die von Konstantin geführte Kirche (!), das Reich der Zukunft...“ [108]

War es das gottgewollte Reich der Zukunft, das mit ihm hervorkam? Herrschte in Konstantins Reich der Geist des Friedefürsten? Er hatte indessen die Parole ausgegeben: Macht weiter so, wie ich begann!

Die Haupterben des konstantinischen Reiches, Konstantin II., Konstanz und Konstantius, legten nur wenige Monate nach dem Tod ihres Vaters zutage, was sie von diesem Vater gelernt hatten und was sie wirklich waren Beim ersten Anlass stürzten sie sich, wie futterneidische Löwen aufeinander. Im Jahr 340 vernichtete der athanasianische Konstanz, seinen 24-jährigen Bruder Konstantin II., nur weil dieser in Italien Truppenbewegungen angeordnet hatte. Brüder im Herrn! – im Geiste des Herrn Konstantin!

Das Übel von Nicäa hat zwei Ursachen 1.) alle Christen ersehnten nach drei Jahrhunderten Verfolgung Frieden und 2.) die wortführenden Christen duldeten einen Kompromiss. Sie ließen den Mix aus Jesusglauben und dem altrömischen Gottesbild zu.

Es ging in der Urkirche und geht heute mehr denn je darum, zuerst Gott und unser Gewissen zu fragen um zur Klarheit in Glaubensfragen zu gelangen.

Die Minimalforderung an Nicäa wäre gewesen mehr Klarheit zu schaffen. Das Gegenteil trat ein

Der katholische Bischof Koch kann und will es nicht leugnen. Das Chaos, das Konstantin infolge seiner Machtausübung mit seinen kuriosen Sonderideen anrichtete war perfekt.

„Namhafte Persönlichkeiten, wie Bischof Basilius, Teilnehmer des 1. ökumenischen Konzils 325, zu Nicäa, ... verglichen die nach- konziliare Situation sogar mit einer Seeschlacht in der Nacht, in der sich alle gegen alle schlagen, und er meinte, infolge der konziliaren

---

108 Kraft Habilitationsschrift „Konstantins religiöse Entwicklung“, 1954, Heidelberg - Uni Greifswald, S. 99

Dispute herrsche in der Kirche eine „entsetzliche Unordnung und Verwirrung" und ein „unaufhörliches Geschwätz." [109]

Ob das „Nicäum" tatsächlich das Geringste mit Jesus Christus zu tun hat, oder vor allem mit Kaiser Konstantin, das ist die eigentlich bereits beantwortete Frage.

Meint das nicäische Bekenntnis als den einen Gott, der zu bekennen ist, etwa heute noch Sol Invictus?

Wenn man sich die Daten und Charakterbilder von Mithra und Sol Invictus und Jesus Christus nur grob vorstellt, dann fallen unweigerlich gewisse Ähnlichkeiten auf. Aber Ähnlichkeiten sind keine Gleichheiten.

Wir kommen nicht vorbei an der Frage von welchem Gott und Herrn die Rede war, als die Inquisition ihre Macht ausübte, oder von welchem Herrn die *„katholischen und protestantischen Geistlichen"* noch des beginnenden 20 Jahrhunderts sprachen, die dann *„jubelnd den Ausbruch des Ersten Weltkrieges begrüßten ..."* Hören wir hinein in eine der typischen Predigten dieser Jahre:

„Hei wie es saust aus der Scheide! Wie es funkelt im Maienmorgensonnenschein! **Das gute deutsche Schwert**, *nie entweiht, siegbewährt, segensmächtig. Gott hat dich uns in die Hand gedrückt, wir halten dich umfangen wie eine Braut...komm Schwert, du bist mir Offenbarung des Geistes... im Namen des Herrn darfst du sie zerhauen."* [110]

Sie! Deine Mitchristen, Engländer, Franzosen, Russen usw.? Was würden wir unserem Gast aus dem 3. Jahrhundert auf seine Fragen antworten: Im Namen welches Herrn durften Christen ihre Mitchristen zerhauen, zerschießen, vergasen, vernichten? Im Namen Jesu Christi oder im Namen des altrömischen Gottes der Soldaten, Sol Invictus?

Das waren fast ausnahmslos Angehörige der *„christlich-ökumenischen Kirchengemeinschaft"* die, so aufgestachelt, aufeinander einschlugen. Jahrelang! Auf grausamste Weise. Sie trugen doch lediglich andere Uniformen, aber nicht andere Seelen. Warnte nicht der Apostel Johannes:

„So jemand spricht, er liebe Gott und hasst doch seinen Bruder, der ist ein Lügner."? [111]

---

109 (katholische) Pfarrblätter, vom Oktober 2008.
110 Pfarrer Hartwig Weber „Jugendlexikon Religion", rororo, Rowohlt, 1988, S. 343
111 1. Johannes 4:20

Dass führende Mitglieder der „*christlich-ökumenischen Kirchengemeinschaft*" Deutschlands dann Adolf Hitler, knapp 20 Jahre nach dem Fiasko von 1918, ihre innere Nähe bekundeten, trotzdem sie dessen schändliche Ziele kannten – obwohl der große Karl Barth gewarnt hatte, die Kirche könnte ihre Daseinsberechtigung verlieren, [112] - würde sicherlich einige Bemerkungen unseres Besuchers auslösen.

Pfarrer Hartwig Weber gibt uns einen authentischen Text zu unserer aller Information an die Hand:

> „*Verschwörer gegen Hitler wie Dietrich Bonhoeffer und Jesuitenpater Alfred Delp blieben Außenseiter, die man bewusst isolierte... Der Vertrauensrat der Deutschen Evangelischen Kirche gab gegenüber Hitler der Hoffnung Ausdruck, ,dass in ganz Europa unter Ihrer Führung eine neue Ordnung erstehe und aller inneren Zersetzung, aller Beschmutzung des Heiligsten, aller Schändung der Gewissensfreiheit ein Ende gemacht werde'....*"[113]

Da spricht doch Athanasius! Fühlt man nicht, dass es Konstantins unseliger Geist ist, der da noch dominiert?

Dass Athanasius, der Vater der kirchlichen Hasspredigt, und der Imperator Konstantin erreichen konnten, von Christen in großem Stil verehrt - und im Fall Konstantin sogar angebetet - zu werden, das erstaunt. Aber dass die Kirchen des traditionellen Christentums diesen beiden Männern und sogar Damasus und Ambrosius von Mailand noch im 21. Jahrhundert bei diesem Stand des Wissens je einen Gedenktag widmen, das verblüfft.

Konstantin 21. Mai; Athanasius 2. Mai., Damasus kath. 11. Dezember, Ambrosius 4. April evangelisch, 7. Dez. katholisch

Wenn nun aber großkirchliche Theologen der „*christlich-ökumenischen Kirchengemeinschaft*" uns ,Mormonen' den Vorwurf machen, wir würden uns nicht ihrem unbiblischen, konstantinisch-athanasianisch-trinitarischen Gottes- und Menschenbild zuwenden, dann macht das bedenklich.

Und zwar ist dieses Bedenken nicht einfach nur religiös bedingt. Das ist eine politische Frage höchster Priorität: denn die Namen Konstantin,

---

112 Karl Barth, Brief von Dez. 1939 „An die Protestanten in Frankreich"
113 Hartwig Weber, Jugendlexikon Religion, rororo Rowohlt, 1989 auf S. 300

Damasus, Ambrosius und Athanasius stehen gegen Demokratie und Gewissensfreiheit! Es scheint jedoch, dass der Tag nicht mehr fern ist, an dem die „Christlich ökumenische Kirchengemeinschaft" statt der erwähnten Pseudohelden Menschen wie Priscillian ehren wird.

Stellt die Demokratie auf eine höhere Stufe!

Warum sind wir Nutznießer heutiger Freiheitsrechte so schüchtern, vernehmlich zu sagen, was gesagt werden muss? Hatte nicht der Prophet Jesaja deutlich davor gewarnt: *Böses gut und Gutes böse zu nennen*" [114] oder gar mit Schweigen zu übergehen, was von Übel ist? *„Öffne deinen Mund für die Stummen, für das Recht aller Schwachen. Öffne deinen Mund, richte gerecht ..."* [115]

Die politische Losung der Kirche Jesu Christi der Heiligen der Letzten Tage, die im März 1838 von Joseph Smith, Brigham Young u.a. bedeutenden Autoritäten unterschrieben wurde, lautet:

> *„Wir stehen ein für die Verfassung unseres Landes ausgearbeitet von den Vätern der Freiheit für Frieden und gute Ordnung in der menschlichen Gesellschaft: für Liebe zu Gott und allen Menschen, die guten Willens sind, für alle guten und zweckmäßigen Gesetze, vor allem andern für Tugend und Wahrheit und ein strenges Werturteil — mögen sie für immer leben. Wehe aber den Unterdrückern, dem Pöbel, der Kastenherrschaft, der Gesetzlosigkeit und den Fortschrittsfeinden...* **stellt die Demokratie auf eine höhere Stufe!...** " [116]

Das ist ‚Mormonismus'!

Zwischen Sol Invictus und Jesus Christus stehen unüberbrückbare Wände, nämlich, hier die liebevolle Toleranz und da die Brachialgewalt. Hier das Gebot und der Geist der Nächsten- und der Feindesliebe, da die Anmaßung und die nackte Diktatur.

‚Mormonen' wollen und werden Konstantin nicht verfluchen oder verurteilen, das ist nicht Menschensache, sondern das Recht des großen Urteils gehört allein dem Allmächtigen. Doch wir werden diesen Neugott und Schöpfer des katholischen und des orthodoxen Glaubens niemals, auch nicht indirekt, anerkennen.

---

114 Jesaja 5:20
115 Sprichwörter 31: 8-9
116 Lehren des Propheten Joseph Smith erste deutsche Nachkriegsausgabe (1947?), S. 80

Wir sind Erben der Freiheit, die Gut von Böse klar unterscheiden können, die wissen, dass wir jede Minute unseres Lebens urteilen und werten müssen, weil unser Gewissen das fordert.

Im Gegensatz zum athanasianisch-konstantinischen Bekenntnis steht die große Erste Vision, die der Knabe Joseph Smith erhielt

„Es war an einem strahlend schönen Morgen in den ersten Frühlingstagen achtzehnhundertundzwanzig. Zum ersten Mal in meinem Leben unternahm ich ... den Versuch... laut zu beten.

Nachdem ich mich an den Ort zurückgezogen hatte, den ich vorher dazu ausersehen hatte, und mich umblickte und sah, dass ich allein war, kniete ich nieder und fing an, Gott die Wünsche meines Herzens vorzutragen. Kaum hatte ich das getan, wurde ich sogleich von einer Macht gepackt, die mich gänzlich überwältigte und eine so erstaunliche Wirkung auf mich hatte, dass sie mir die Zunge lähmte und ich nicht sprechen konnte. Dichte Finsternis zog sich um mich zusammen, und ich hatte eine Zeitlang das Gefühl, als sei ich plötzlicher Vernichtung anheimgegeben.

Ich nahm aber alle Kraft zusammen und rief Gott an, er möge mich aus der Macht dieses Feindes befreien, der mich gepackt hatte; und gerade in dem Augenblick, wo ich in Verzweiflung versinken und mich der Vernichtung preisgeben wollte—und nicht etwa einem eingebildeten Verderben, sondern der Macht eines wirklichen Wesens aus der Welt des Unsichtbaren, das eine so unglaubliche Macht hatte, wie ich sie nie zuvor bei irgendeinem Wesen verspürt hatte—eben in diesem Augenblick höchster Angst sah ich gerade über meinem Haupt, heller als das Licht der Sonne, eine Säule aus Licht, die allmählich herabkam, bis sie auf mich fiel.

Kaum war sie erschienen, da fand ich mich auch schon von dem Feind befreit, der mich gebunden gehalten hatte. Als das Licht auf mir ruhte, sah ich zwei Personen von unbeschreiblicher Helle und Herrlichkeit über mir in der Luft stehen. Eine von ihnen redete mich an, nannte mich beim Namen und sagte, dabei auf die andere deutend: Dies ist mein geliebter Sohn. Ihn höre! Der Grund, warum ich den Herrn befragen wollte, war der, dass ich wissen wollte, welche von allen Glaubensgemeinschaften recht hätte, damit ich wisse, welcher ich mich anschließen sollte. Sobald ich mich soweit gefasst hatte, dass ich imstande war zu sprechen, fragte ich daher die über

mir im Licht stehenden Personen, welche von allen Glaubens-
gemeinschaften die richtige sei (denn bisher war es noch nie in mein
Herz gedrungen, dass alle unrecht hätten)—und welcher ich mich
anschließen solle.

Ich bekam die Antwort, ich dürfe mich keiner von ihnen
anschließen, denn sie seien alle im Unrecht; und die Person, die zu
*mir sprach, sagte, **ihre sämtlichen Glaubensbekenntnisse***
***seien in seinen Augen ein Gräuel**; jene Glaubensbekenner*
seien alle verderbt, denn „sie nahen sich mir mit den Lippen, aber
ihr Herz ist ferne von mir; sie verkünden Menschengebote als Lehre,
sie haben zwar eine Form der Gottesfurcht, aber sie leugnen deren
Macht".   Nochmals verbot er mir, mich einer von ihnen
anzuschließen." [117]

Dass dieser Ratschlag an Joseph Smith, sich keiner anderen Kirche anzuschließen als der nun hervorkommenden Kirche Jesu Christi der Heiligen der Letzten Tage, tatsächlich von Gott kam, ist mehr als nur ‚wahrscheinlich'. Seine Richtigkeit zu belegen, ist unsere angenehme Aufgabe, seine Wahrheit zu beweisen ist jedoch ein Werk, das nur der Allmächtige selbst leisten kann.

Man soll immer nachfragen. Im nächsten Fall betrifft es das Apostolikum. Hier ist es ebenfalls die Frage, was das Wort bedeutet: *„**sämtliche** Glaubensbekenntnisse seien in Gottes Augen ein Gräuel".*

Das Apostolikum enthält, wie das Athanasium bedeutende korrekte Aussagen, denen kein Christ widersprechen sollte. ... das ist aber eben nur im wesentlichen so...   Man muss schon genau hinsehen und hinhören. Da heißt es:

„Ich glaube an Gott,
den Vater, den Allmächtigen,
den Schöpfer des Himmels und der Erde."

‚Mormonen' glauben, dass der Vater der Architekt und der Sohn der Baumeister ist. Da ist der Unterschied noch gering.

"(ich glaube) an Jesus Christus,
seinen eingeborenen Sohn, unsern Herrn,
empfangen durch den Heiligen Geist,
geboren von der Jungfrau Maria,

---

117 Köstliche Perle, Joseph Smith Lebensgeschichte Verse 15-20

gelitten unter Pontius Pilatus,
gekreuzigt, gestorben und begraben,
hinabgestiegen in das Reich des Todes,
am dritten Tage auferstanden von den Toten,
aufgefahren in den Himmel;
er sitzt zur Rechten Gottes, des allmächtigen Vaters;
von dort wird er kommen,
zu richten die Lebenden und die Toten."

Weil sie arianisch an die eigenständige Personalität Jesu glauben, stehen Mormonen entschiedener als die Mitglieder der *„christlich-ökumenischen Kirchengemeinschaft"*, hinter der Aussage, dass Jesus **buchstäblich** *„zur Rechten des allmächtigen Vaters sitzt, von wo er kommen wird um die Lebenden und die Toten zu richten"*

Indem das Apostolikum sagt, Jesus sei *„hinabgestiegen in das Reich des Todes"*, ist sein Text an dieser Stelle inkorrekt, denn die Heilige Schrift berichtet, Jesus sei nach seiner Kreuzigung *„zu den Geistern im Gefängnis gegangen und hat denen gepredigt, ...die zu Zeiten Noachs nicht glaubten..."* [118]

Jesus besuchte die Welt der Geister der Verstorbenen, die also hören und sehen konnten... Der Begriff „Reich des Todes" assoziiert dagegen tödliche Stille. Wegen dieser Ungenauigkeit haben zahllose Christen selten oder nie gehört, dass es eine Geisterwelt gibt... und das führte dazu, dass Jesu Wort, mit dem er seine Rabbiner-Laufbahn begann, nicht richtig gedeutet werden konnte: der Vater *„hat mich gesandt, damit ich den Gefangenen die Entlassung verkünde."* [119]

Zu Zeiten seines irdischen Wirkens hat Jesus nur im übertragenen Sinne 'Gefangene' befreit. Er ging jedoch buchstäblich zu jenen Geistern die im Gefängnis saßen, (deren Bewegungsfreiheit eingeschränkt war) weil sie vor seiner Zeit nicht glaubten. Das ist nämlich Jesu Werk der Erlösung, ausnahmslos allen Menschen(-geistern), den Weg in die ewige Freiheit zu weisen oder anzubieten, sowohl den Gläubigen wie den Ungläubigen

Dann fährt das Bekenntnis mit den Worten fort:

"Ich glaube an den Heiligen Geist,
die heilige katholische 'evangelisch: christliche) Kirche,

---

118 1. Petrusbrief 3: 19-20
119 Lukas 4: 18

Gemeinschaft der Heiligen,
Vergebung der Sünden,
Auferstehung der Toten
und das ewige Leben.
Amen.

Wieder ist es nur eine scheinbare Kleinigkeit, die aber unerträglich ist: Nein, wir können nicht an die Heiligkeit der christlichen oder katholischen Kirche glauben.

Der Begriff der „Immer-Heiligkeit" der Kirche, ist wahrscheinlich auf ein Wort des „Papstes" Sixtus I. zurückzuführen. Auch dieses Wort lässt sich biblisch nicht belegen. Sixtus wird der Satz zugeschrieben: *„Die Kirche ist immer heilig, ganz gleich wie sündig ihre Priester sind."* Das führte zu schweren Verwerfungen. **Wie kann ein Körper gesund bleiben, nachdem krebsartige Wucherungen nicht rechtzeitig herausgeschnitten wurden?**

Ambrosius von Mailand, 374 getauft und sogleich zum Bischof berufen, ging noch einen Schritt weiter, indem er behauptete: *„Es kann keine noch so verruchte Schandtat begangen oder gedacht werden, welche die heilige Kirche nicht nachlassen könne."* [120]

Wie die wach gewordene Weltöffentlichkeit darüber denkt, haben die Berichte über Missbrauchsopfer solcher Kirchenheiligkeit in den letzten Jahren offen gelegt.

Mit der Praxis der einfach-so-„Sündenvergebung" liegt ein seit Jahrhunderten betriebener Bruch der biblischen Aufforderung vor, die klar verlangt: *„Schafft den Übeltäter aus eurer Mitte."* [121] d.h. exkommuniziert ihn.

Es reicht nicht aus, Priester oder Pastoren im Übertretungsfall zu versetzen! Der Übertreter hat sich erst im Verhältnis zur Schwere seines Verbrechens entsprechend zu bewähren, ehe er wieder amtieren darf.

Da es nicht die Aufgabe der Kirche Jesu Christi der Heiligen der Letzten Tage sein kann, zu jedem Detail der Kirchengeschichte Erklärungen abzugeben, sollten wir tun was in unserer Macht steht, um im Licht des wiederhergestellten Evangeliums Jesu Christi möglichst mehr

---

120 Gerhard J. Bellinger „Der Catechismus Romanus und die Reformation" Georg Ohm-Verlag Paderborn, 1970, S.159
121 1. Kor. 5:13

Klarheit herbeizuführen. Eben das ist „Mormonismus" : „*Die Menschen sollen ... vieles aus freien Stücken tun und viel Rechtschaffenheit bewirken; denn es ist in ihrer Macht, selbständig zu handeln ...*"[122]

Das bedeutet, wo es an Einsicht und Recht mangelt, sollen wir den Mangel, soweit wie möglich, mit den uns erlaubten Mitteln abschaffen. Das sagt Jesaja mit den Worten: „*Wehe denen die Gutes böse und Böses gut nennen.*"[123] Große Vorbilder sind uns allen der blutjunge Mormone Helmut Hübener und Dietrich Bonhoeffer gewesen. Beide wurden unter Hitler hingerichtet. Beider Wahlspruch lautete „*Öffne deinen Mund für die Stummen, für das Recht aller Schwachen. Öffne deinen Mund, richte gerecht, verschaffe dem Bedürftigen und Armen Recht.*"[124]

Also versuchen auch wir, unserer immer wieder diffamierten Kirche Recht zu *verschaffen*.

Darin besteht ja der Sinn des Lebens, zu lernen das Beste zu tun und uns selbst zu korrigieren. Weil sie ihren Mund gegen das Unrecht öffneten, verloren auch andere Christen nicht nur in der Nazizeit ihr Leben und ihre Menschenrechte, wir lieben sie deshalb, Männer wie Jan Hus, Savonarola, Bartolomäo Carranza, tausende Ungenannte.

Dass Christen ernsthaft gewillt sind, Recht zu schaffen, ist eigentlich selbstverständlich. Aber die Kirchen selbst taten zu wenig. Oft genug lebten sie vom Unrechttun – wie z.B. vom Ablasshandel.

> „*Die Kirch' allein ihr lieben Frauen, kann ungerechtes Gut verdauen...*"[125]

Wie ein aufgeschlagenes Buch liegen die Berichte vor uns, die uns allen auferlegen zu erkennen, ob es Recht oder Unrecht war, was sich mit und nach Nicäa zutrug.

Es wäre himmelschreiendes Unrecht, uns vor einem gerechten Urteil zu drücken, nachdem wir urteilsfähig wurden.

Konstantin hat die Köpfe der Kirche seiner Zeit irre geleitet und nicht wenige Schwankende regelrecht gekauft. Am Ende des nicäischen Konzils lagen sie mit dem Imperator zu Tisch. Er war zufrieden.

---

122 Lehre und Bündnisse Abschn. 58: 27-28
123 Jesaja 5: 20
124 Sprichwörter 31: 8-9
125 Johann Wolfgang v. Goethe, Faust 1

Bischof Alexander von Alexandria wurde das Privileg der Hafenaufsicht übergeben, er und die anderen Konzilsteilnehmer erhielten als Kaisergeschenk zudem Steuerfreiheit und zur Unterstützung Bedürftiger Zugriff auf bestimmte Posten der Staatskasse.

Er war zu gnädig! Leute die noch zwanzig Jahre zuvor ihr Leben riskierten, indem sie Christ wurden, fühlten sich nun ins Paradies versetzt.

Viele freuten sich zu früh, andere witterten Morgenluft. Männer, Erzheiden, die niemals in ihrem Leben auch nur einen Hauch vom Geist der Selbstlosigkeit Christi verspürt hatten, horchten nach Nicäa auf: Jetzt hieß es, sich schnell einen Platz an der Futterkrippe zu sichern.

Das sagt auch Pastor Ernst Ferdinand:

„Konstantin ... machte sich (in Nicäa) zum Herrn der Kirche. In ihre Streitigkeiten griff er entscheidend ein und verteilte mit geschickten Fingern Recht und Unrecht. ...im Handumdrehen füllte sich der Hof des Kaisers mit einer Menge von Persönlichkeiten, die mit ihrem Christentum Geschäfte machen wollten. Edlere Naturen konnten neben ihnen kaum noch hervorkommen. (Sie) zogen sich angewidert zurück. Die siegreiche Kirche" (kam hervor, die ecclesia triumphans)* [126]

Tatsächlich setzte nach Nicäa die Meute der hungrigen Wölfe zum Sprung auf jene Lämmer an, die Jesus so eindringlich Petri Führung anvertraut hatte: *„Weide meine Lämmer!"* [127]

Nach Nicäa ging es ans Lämmerfressen! Hinein in die Steuerfreiheit!

Zuvor hieß es noch: *„Ich sende euch wie Schafe mitten unter die Wölfe."* [128] Mit Konstantin kam die Umkehr: *„Wölfe, ich sende euch mitten unter die Schafe."*

---

126 Ernst Ferdinand Zeitbilder aus der Kirchengeschichte", Berlin, Ackerverlag, 1930, S. 144
127 Johannes 21
128 Matth. 10: 16

Bezahlte Geistlichkeit: noch weiter fort von Christus

Die finanzielle Sonderstellung der nun so angelockten Geschäfte-macher, diese rasant anwachsende Zahl ‚Kleriker', musste natürlich vom „Volk" bezahlt werden. Sabine Hübner erklärt wie das vor sich ging:

> „Konstantin hatte im **Jahre 326** (also unmittelbar nach Nicäa) eine Gold- und Silbersteuer eingeführt, die auri lustralis collatio ..., die jeder zahlen musste, der ein Gewerbe betrieb. Sie wurde zunächst alle fünf, im 5. Jh. alle vier Jahre veranschlagt. Libanios beklagte kurz nach 387 n.Chr. die Ungerechtigkeit dieser Gewerbesteuer, die zu großem Leid und Schrecken führte. Handwerker, ... Gärtner, Fischer, zur See reisende Händler, Kaufleute sowohl in der Stadt als auch auf dem Land (vgl. CTh 13, 1, 10) und auch Prostituierte (hatten sie zu entrichten). ... Reiche Fernhändler, die diese Steuer zahlen könnten und sollten, setzten sich über See ab, zurück blieb nur der arme Handwerker mit seinem Werkzeug, mit dem er sich kaum ernähren konnte..."[129]

> Hunde setzten die Steuereintreiber den fliehenden Händlern und Hand-werkern nach, so dass es sogar vorkam, dass Eltern ihre Kinder in die Sklaverei verkaufen mussten, um die Steuer aufzubringen. Auch Zosimus zeichnete das gleiche Schreckensbild wie Libanios. Immer wenn die Zeit der Steuererhebung näher rückte, so Zosimos, erhob sich Jammer und Wehklagen in jeder Stadt. Die, die aufgrund ihrer Armut nicht zahlen konnten, wurden mit Peitschen und Martergerät gefoltert. So kam es, dass Mütter ihre Kinder verkauften und Väter ihre Töchter an Männer feilboten..."[130]

Urchristliche Bischöfe hätten sich geschämt, Geld aus Staatshand zu empfangen, zudem grausam erpresstes Geld.

Die nun in kirchliche Ämter drängenden Berechnenden sollten dem Rest des Guten der Kirche den Garaus machen. Es kam zum Wettrennen um ein Bischofsamt, das man von nun an als den „Bischofssitz" begriff, der zu „ersteigen" war.

---

129 Sabine Hübner, „Der Klerus in der Gesellschaft des spätantiken Kleinasiens Friedrich-Schiller-Universität, Jena, 1976
130 Sabine Hübner, „Der Klerus in der Gesellschaft des spätantiken Kleinasiens Friedrich-Schiller-Universität, Jena, 1976

Bereits 50 Jahre nach Nicäa, zur Zeit Ambrosius von Mailand, *„rekrutierten sich die Bischöfe ... überwiegend aus der städtischen kurialen Schicht."*[131]

Jörg Köpke sagt:

> *„... Ein Posten im höheren Klerikat, speziell die Bischofswürde, offerierte dem Amtsinhaber die Kontrolle über nicht unerhebliche Geldmengen, auch wenn sich diese offiziell nicht im persönlichen Besitz des Bischofs befanden. Natürlich konnte sich der Staat auf Dauer nicht leisten, die für das Eintreiben der munizipalen Steuern verantwortlichen Curialen und deren Güter an die Kirche zu verlieren. So verwundert es nicht, dass im Westen unter den Kaisern Valentinian III. und Maiorian 439, 452 und 458 Versuche unternommen wurden, das absolute Ordinationsverbot für Decurionen zu reaktivieren... ein Konzil in Illyricum verurteilte im Jahr 375 offiziell die Ordination von curiales und Papst Innocentius I. (407-412) sich aus religiösen Gründen in ähnlicher Weise äußerte, brachte der mediolanische (mailändische) Bischof Ambrosius 384 und 388/89 lautstark sein Unbehagen darüber zum Ausdruck, wie schwer es den curiales von staatlicher Seite gemacht würde, in hohen kirchlichen Positionen zu verbleiben **und** ihren angestammten Privatbesitz zu behalten".*[132]

So entstand die Ecclesia Triumphans. Der Trend blieb. Er verstärkte sich mit den Jahrzehnten und Jahrhunderten. Eintausend Jahre nach Nicäa haben die kleinen Bürger Europas es mit einem ins unermessliche gewachsenen Wolfsrudel zu tun. Trostlos sah die Welt der Trinitarier aus. Bis Luther dazwischen ging, der selbst ein Trinitarier war und blieb, das Athanasianum, das unbiblische, genoss Bestandsschutz weil Luther doch nicht alles zerschlagen wollte.

Vieles hat sich seither zum Guten gewendet. Das geben wir gerne zu, und sind dankbar dafür, aber diese Wendung zum Guten war kirchlicherseits eher eine verspätete Korrektur und oft genug dem Zwang der politischen Umstände geschuldet.

Nicht das Christentum, die Christenheit versagte, weil die eigentliche Bekehrung nicht stattfand. Wie sollte auch eine Umkehr vor sich gehen?

---

131 Peter Gemeinhardt, „Das lateinische Christentum und die antike pagane Bildung" Mohr-Siebeck, 2007, S. 151, Fußnote

132 Jörg Köpke „Die italienischen Bischöfe unter ostgotischer Herrschaft 490-552", 2006

Säuglinge wurden getauft, das war es, der Rest erschöpfte sich fast immer im sonntäglichen Kirchgang und im Zahlen der Kirchensteuer. Die eigentliche Gemeindearbeit, die früher gleichberechtigt von allen Mitgliedern als wichtiges Element ihres Christenlebens mit Freude getragen wurde, weil sie ihnen die Gelegenheit bot ihre Talente zu entfalten, war nach Nicäa Sache der Kleriker. (Plötzlich trugen nicht mehr alle Männer das Priestertum, sondern nur eine Auswahl. Sollte der Kaiser etwa alle und alles bezahlen?)

Wie jedoch konnte eine Religion für denjenigen wichtig werden, dessen Sache sie nicht im Alltag ist?

Erst durch das gleichberechtigte Mitmachen kann die Kirche Christi gedeihen, erst wenn die Herzen ihrer Anhänger dabei sind.

Jesus verstand unter Bekehrung, dass ein Mann lernen muss seine ererbte Wolfsnatur zu beherrschen. Dieser Aspekt fiel weg. *„Wahrlich, ich sage euch: Wenn ihr nicht umkehrt und* [harmlos] *werdet wie die Kinder, so werdet ihr nicht ins Himmelreich kommen."* [133]

Damals in Nicäa verlor die Kirche Christi, und das hatte eben zur Folge, dass Wölfe, Wölfe blieben.

Das Übel besteht weiterhin auch in der Annahme vieler, man sei schon fromm, wenn man hin und wieder sein Knie vor Gott beugt oder ein Kreuz schlägt. Ob es der kinderfressende Baal war oder Jesus, erkannten die meisten nicht.

Das nachnicäische Leid war Folge des Abfalls von Gott, den unser Herr Jesus Christus, der Baumeister des Weltalls vorausgesehen hatte – so wie er vorausgeplant hatte, zur gegebenen Zeit seine Kirche wiederherzustellen.

Darum geht es, - nicht um Anklage. Es geht darum zu erkennen, dass die damalige *„kyriake oykia"*, - das Haus, das Dach des Herrn, - von gefräßigen Termiten zerstört wurde, also musste Gott seinen geliebten Kindern ein neues Haus bauen.

Das nennen wir die „Wiederherstellung".

Gott Konstantin fraß nicht nur die Kinder.

---

133 Math. 18,3

Die nachnicäische Kirche fiel auch deshalb ins Chaos, weil die Anfrage bei Gott unterblieb und weil jede individuelle Entscheidung grundsätzlich von den Karrierechristen des 4. bis 6, Jahrhunderts verboten wurde.

Gewissenentscheidungen zu schützen und Frieden zu stiften war nie Sache des nachnicäisch-konstantinischen „Christentums".

Von schwärmerischen Übertreibungen aller Art bis zu Kriegshetzerei war in der nachnicäischen Kirche alles möglich. Noch zu Beginn der Neuzeit verstand sich Papst Julius II., der von 1503-1513 die Kirche regierte, eher als Kriegsherr, denn als Friedensstifter.

> *„Am 20 Januar 1507 bevor Julius Bologna verließ, besuchte er noch Michelangelo, um dort jene Statue zu besichtigen, die er beim Künstler in Auftrag gegeben hatte. Bei dieser Gelegenheit fragte der Bildhauer den Papst, ob er in seiner Rechten das Evangelium oder ein Schwert haben wolle. Julius antwortete: „Ein Schwert will ich haben!"* [134]

> *„Einer nach seinem Tod veröffentlichten Anekdote zufolge erschien Papst Julius II. an der Himmeltür. Da rief ihm Petrus zu, er soll sich ein eigenes Paradies bauen...denn er hätte ja viel Geld, viele tapfere Männer... Da Petrus anschließend die Himmeltür zuschlug, stellte Julius ein Ultimatum: Wenn Petrus nicht innerhalb drei Wochen gütlich übergebe, würde er mit 60 000 Mann anrücken und den Himmel stürmen."* [135]

Julius gehört zweifellos zu den besseren Päpsten. Er hatte nicht, wie z.B. einer seiner Vorgänger, Innozenz III. (1198- 1216), angeordnet die arianisch glaubenden Katharer (jene Restgruppe der einstigen Novatianer) auszurotten. Er hat nicht zu verantworten, dass die Männer die sich dem katholischen Glauben aus Gewissensgründen nicht beugen konnten, wie die Vaudois, in Felsenhöhlen eingemauert wurden. Deshalb gilt aus dem Kontext heutigen Wissens:

Nur die Religion kann vor der Kritik der Vernunft bestehen, die entschieden für Rechtschaffenheit eintritt und damit **für gegenwärtigen und ewigen Frieden.**

---

134 Josef Gelmi, Die schönsten Papstanekdoten." Tyrolia, 2003
135 ebenda

Goethe hat es ausgezählt, 800 Mal wird in der Bibel der Bezug zwischen Gerechtigkeit und Frieden hergestellt. Ohnehin steht in jedem Menschengewissen dieser Satz Jesajas geschrieben: „Die Frucht der Gerechtigkeit wird Friede sein."[136]

Auch hier besteht ein gesetzmäßiger Zusammenhang von Ursache und Wirkung.

Reden wir noch einmal über

das 1. Prinzip Origenes, die Präexistenz aller heute lebenden Menschen

Immer wieder fand ich, ebenso wie Ihr, wichtige Aussagen, die die Echtheit des ‚Mormonismus' bestätigten.

In anderen Gesprächen verwies ich auf Goethes Bekenntnisse pro Präexistenz. Es fruchtete nicht. 2008 schickte ich komprimiertes Material an etwa 80 Theologieprofessoren, nur zwei antworteten mir.

Lasst uns kurz hinein hören, was zwei jüdische Stimmen und was Goethe zu diesem Thema zu sagen haben.

In PhilTalk-Philosophieforen steht unter Passah Symbolik wörtlich:

„Das Passah ist das Aramäische pacach (paw-sakh) und bedeutet soviel wie 'hinüber gehen'. ... Im Ursprung war das 'Hinübergehen' die Bedeutung des Hinübergehens des Menschen aus seinem Fleisch(lichen Körper) hinüber in die körperlose 'Welt', der Heimat der Seele. Dieses Hinübergehen ist im Buche Exodus (Shemoth) der Juden, als der 'Auszug der Seele aus dem fleischlichen Körper' in dieser Welt in das Hinübergehen in die fleischlose Welt der Seele als Parabel niedergeschrieben, aber das Thema kehrt auch in vielen anderen Geschichten der Thora als Parabel auf. ... Symbolik ist eine Sprache, welche auch durch die Begriffe in den gesprochen Sprachen ausgedrückt wird. So ist das 'über den Jordan gehen' dieselbe Symbolik wie das Passah. Das Yardana, Jordon, ist im Aramäischen 'der Strom oder Fluss des Lebens'. Abseits des Streites der Theologen kann man allein in der Aramäischen Sprache Mosaiksteine finden, für ein Bild, das es erlaubt auch das

---

136 Jesaja 32:17

Bewusstsein der Menschen besser nachvollziehen zu können. So bedeutet im Aramäischen 'Bit Nitupta' das 'Haus der Präexistenz', was unschwer erkennen lässt, dass die Menschen eine Präexistenz argumentierten, wovon die späteren Christen in Niceäa nichts wissen wollten und einen Fluch aussprachen gegen jene, welche das weiter argumentierten." [137]

Oberrabbiner Kurt Wilhelm (1900 – 1965) ergänzt:

„Auch wenn die ältesten Bücher der Bibel keine bestimmten Vorstellungen von der Unsterblichkeit und vom Leben nach dem Tode vermitteln, hat dennoch der alte Israelit an irgendeine Fortsetzung dieses irdischen Lebens nach seinem Tode geglaubt. Er wußte von scheol, *das dem Leben auf Erden folgt, und er wusste, wer ins* scheol *hinabsank, war wohl abgeschnitten vom Leben, aber deshalb musste er nicht jedes Daseins bar sein... Die Fragen der persönlichen Unsterblichkeit und der Präexistenz und des Fortlebens der Seele werden mit der Ewigkeit des jüdischen Volkes selbst verwoben. Alle Seelen, die je und je in einen jüdischen Körper eingehen werden, so heißt es in einem Midrasch, haben am Sinai gestanden und sind dort in den ewigen Verbund zwischen Gott und Israel eingetreten. „Wir Juden sind also vom Sinai her beim Vater",... Wenn ein Jude im Gottesdienst zur aktiven Teilnahme an der Vorlesung aus der Thora hinzugezogen wird, wenn er, wie der Ausdruck lautet, „aufgerufen" wird, um über die zur Vorlesung geöffnete Thora-Rolle einen Segensspruch zu sprechen, so dankt er in diesem Segen Gott dafür, dass er „Leben der Ewigkeit in uns gepflanzt hat". In jeden von uns und in uns als Israel. „Wir leben ewig", mit diesem Gesang gingen Juden in die Gaskammern."* [138]

Lebenslänglich lebt in mir selbst das Wort aus dem Hebräerbrief 12: 9:

„An unseren Vätern hatten wir harte Erzieher, und wir achteten sie. Sollen wir uns dann nicht erst recht dem Vater der Geister unterwerfen und so das Leben haben?"

Mein Vater zitierte es, wenn er mich unterwies.

---

137 Volker Doormann in http://www.philtalk.de/msg/1200309642.htm
138 Dr. phil. Kurt Wilhelm, jüdischer Religionsexperte, war 1925 – 1929 Landesrabbiner in Braunschweig, 1933 – 1948 Rabbiner in Jerusalem und danch Oberrabbiner in Schweden. Er ist der Herausgeber des Buches „Jüdischer Glaube", 1961, S. 94 f.

Unübersehbar ist, dass die „Einheitsübersetzung" an dieser Stelle - sonst stets bereit, hilfreich zu kommentieren - auf jegliche Stellungnahme verzichtet. Seit dem Ende der Urkirche mit dem Start der konstantinischen Reichskirche verwarfen orthodoxe Christen auch andere wertvolle Lehren der Gnosis, weil sie dem neuen, dem politischen Kurs im Wege standen. Aus heutiger Sicht scheint es, als hätte der ohnehin fahrlässig abwertend gebrauchte Sammelbegriff „Gnosis" dazu berechtigt.

Zur Information: Gnosis ist das griechische Wort für ,Erkenntnis'. Als Gnostiker werden diejenigen bezeichnet, die, wie die Arianer, großen Wert auf persönliche Führung durch den Geist Gottes legten.

Die Lehren der Kirche Jesu Christi der Heiligen der Letzten Tage und sie selbst zerschlagen kein chinesisches Porzellan, sondern nur seine angekratzten Imitationen und bieten statt dessen das Echte an.

Der Mensch muss sich selbst als ewiges Wesen erkennen und damit sein Kindschaftsverhältnis zu Gott.

Nein, direkte Beweise für diesen Fakt gibt es nicht, doch auf diesen Erkenntnisprozess zielend sagten die alten Griechen nicht von ungefähr: *„Wenn du es nicht erfühlst, du wirst es nicht erjagen."*

Goethe erfühlte es. Er sprach darüber an seinem Lebensabend, im März 1832, mit Eckermann,: (zwei Jahre nachdem die Kirche Jesu Christi der Heiligen der Letzten Tage die ihr offenbarten Schriften bereits veröffentlicht hatte)

> *„Wenn man die Leute reden hört, so sollte man fast glauben, sie seien der Meinung, Gott habe sich seit jener alten Zeit ganz in die Stille zurückgezogen und der Mensch wäre jetzt ganz auf eigene Füße gestellt ...Diese plumpe Welt aus einfachen Elementen zusammenzusetzen und sie jahraus jahrein in den Strahlen der Sonne rollen zu lassen, hätte ihm sicher wenig Spaß gemacht, wenn er nicht den Plan gehabt hätte, sich auf dieser materiellen Unterlage* **eine Pflanzschule für eine Welt von Geistern** *zu gründen. So ist er nun* **fortwährend** *in höheren Naturen wirksam, um die geringeren heranzuziehen."* [139]

---

139 Theodor Vogel „Goethes Selbstzeugniss über seine Stellung zur Religion" 2008, S. 31

Dieses Prinzip des *fortwährenden Einwirkens Gottes* auf Menschen *höherer Natur um die geringeren heranzuziehen* ist reiner Mormonismus.

Zu diesen höheren Naturen gehören Meister Eckhart, Hildegard von Bingen, und viele andere. Hildegard von Bingen (1098-1179):

> *„Die Seele stammt vom Himmel, der Leib von der Erde; die Seele wird durch den Glauben, der Leib aber durch das Sehvermögen erkannt."* [140]

Goethe muss es schon früh „erfühlt" haben, dass wir im höheren Sinne und Maß Söhne und Töchter Gottes des Vaters sind:

Er lässt seinen Dr. Faust ausrufen:

> *„Zwei Seelen wohnen, ach, in meiner Brust,*
> *die eine will sich von der andern trennen:*
> *die eine hält mit derber Liebeslust*
> *sich an die Welt mit klammernden Organen;*
> *die andere hebt gewaltsam sich vom Dust*
> *zu den **Gefilden hoher Ahnen.***"* [141]

Das ist es was wir „Mormonen", mit Origenes und Goethe, gemeinsam und von ganzem Herzen glauben: Alle Menschen (nach Adam, siehe Buch Mormon, 2. Nephi 9: 21 und Mormon 3: 20) stammen, ob sie Weiße oder Schwarze sind, aus den Gefilden hoher Ahnen. So, wie solche Denkweise wie von selbst, zu einer nobleren Gesinnung führt, bringt deren Leugnung das Nichtgute, das Nichtnoble zur Geltung. Das hat die nachnizäische Kirchengeschichte bewiesen. Nachdem Gott, uns, die seit Ewigkeiten noch ungeformten Intelligenzen, hinauf in den Status von Götterkindern erhob, war uns das bald nicht mehr genug.

Wir wollten die ganze Welt, auch die der Gegensätze, kennen lernen (siehe Buch Mormon 2. Nephi 2) um eigene Erfahrungen zu sammeln, um selbst zwischen Gut und Böse entscheiden zu können.

Niemand kann auch nur annähernd das Lehrgebäude der Urkirche bzw. der Kirche Jesu Christi der Heiligen der Letzten Tage verstehen, wenn er die Lehre von der Präexistenz des Menschen rundweg ausklammert oder gar ablehnt.

Wir fühlen, dass Joseph Smith umfassende Weisheit vom Gott Abrahams, Isaaks und Jakobs erhielt.

---

140 Dr. Beat Imhof, 'Wegbegleiter' Nr. 3/2006
141 Johann Wolfgang v. Goethe, Faust 1, Vor dem Tor

Im Buch Abraham heißt es: *„Der Herr hatte ...Abraham, die Intelligenzen gezeigt, die* **geformt** *wurden ehe die Welt war...“* [142]

Ebenso spricht Lehre und Bündnisse:

> *„Der Mensch war im Anfang auch bei Gott... Intelligenz oder das Licht der Wahrheit wurde nicht erschaffen und könnte auch nicht erschaffen oder gemacht werden... Der Mensch ist Geist.“* [143]

Diese Aussagen sind von grundlegender Bedeutung, sie ermöglichen zudem einen nahtlosen Übergang zur Evolutionslehre.

Aus gutem Grund haben wir keine Erinnerung an unser früheres Dasein.

> *„Es ist genau dieser Blick und dieses Leiberleben, das den in die* **Seinsvergessenheit** *(Phaidros 250a) gefallenen irdischen Menschen zurückholen soll in die Erinnerung an die überhimmlische Heimat der Seele.“* [144]

Wir erinnern uns jetzt nicht mehr des Gesichtes unseres Vaters im Himmel, aber wir fühlen, dass wir ihm einst gegenüberstehen und sehen und erkennen werden, dass wir ihm wirklich ähnlich sind.

Solche Wahrheit lag Jahrhunderte nach Nicäa verschüttet unter Trümmern.

Kommen wir nun zu einem Höhepunkt.

Ist dies ein Widerruf?

Am 23. Januar 2006 sagte Papst Benedikt in seiner ersten Enzyklika:

> *„Dantes „Göttliche Komödie“ habe ihn ... inspiriert, ... wo ein „kosmischer Ausflug“ im Inneren des Paradieses zum innersten Licht der Liebe führe, „die Sonne und Sterne zugleich bewege“. – Das tiefste Innere dieses unzugänglichen Lichtes sei jedoch nicht etwa ein noch gleißenderes Leuchten oder noch helleres Scheinen,* **sondern das zarte Gesicht eines Menschen,** *das dem Seher da endlich auf seiner Suche entgegentrete. Dies sei „etwas vollkommen Neues“. Das* **menschliche Antlitz** *Jesu Christi, das Dante im Inneren des innersten Geheimnisses Gottes erkenne,*

142 Köstliche Perle, Buch Abraham 3:22
143 Lehre und Bündnisse 93:29-30
144 Hartmut Böhme : „Natur und Subjekt“ Frankfurt/Main 1988 II. Subjektgeschichte

sei *„noch viel bewegender als die Offenbarung Gottes in der Form des Dreifaltigen Kreises von Erkenntnis und Liebe.* **Gott, das unendliche Licht, ... besitzt ein menschliches Gesicht.** *"* [145]

Diese Aussagen sind sowohl großartig als auch schön. Danke, Papst Benedikt. Sie haben es wunderbar gesagt:

„Das menschliche Antlitz Jesu Christi, das Dante im Inneren des innersten Geheimnisses Gottes erkenne, sei „noch viel bewegender als die Offenbarung Gottes in der Form des Dreifaltigen Kreises von Erkenntnis und Liebe. Gott, das unendliche Licht, ... besitzt ein menschliches Gesicht. "

Ja, Joseph Smith sagt:

Hier ist die Form des (athanasianisch-trinitarischen) „Dreifaltigen Kreises": von dem Benedikt XVI. sprach. Dieser künstlerisch gedachten Gotteserklärung ist das echte Gottesbild weit überlegen.

„Als das Licht auf mir ruhte, sah ich zwei Personen von unbeschreiblicher Helle und Herrlichkeit über mir in der Luft stehen. Eine von ihnen redete mich an, nannte mich beim Namen und sagte, dabei auf die andere deutend: Dies ist mein geliebter Sohn. Ihn höre!" [146]

Wir wollen auf IHN hören. Er ist kein Nebel. Auch wir werden nicht im Nebel aufgehen, denn:

„Jeder Mensch ist ein geliebter Geistsohn beziehungsweise eine geliebte Geisttochter himmlischer Eltern und hat dadurch ein göttliches Wesen und eine göttliche Bestimmung.

Das Geschlecht ist ein wesentliches Merkmal der individuellen vorirdischen, irdischen und ewigen Identität und Lebensbestimmung. IM VORIRDISCHEN DASEIN kannten und verehrten die Geistsöhne und -töchter ihren ewigen Vater und nahmen seinen

---

145 KIRCHE HEUTE, Mai 2006
146 Köstliche Perle, Joseph Smith – Lebensgeschichte 1:17

Plan an; nach diesem Plan konnten sie einen physischen Körper erhalten und die Erfahrungen des irdischen Lebens machen, um sich auf die Vollkommenheit hin weiterzuentwickeln und letztlich als Erben ewigen Lebens ihre göttliche Bestimmung zu verwirklichen."[147]

Vergöttlichung des Menschen

Diese Erkenntnis vorausgesetzt kann man das 4. Prinzip des Origenes verstehen, **dass Gott einst Mensch war und der Mensch wie Gott werden kann.**

Joseph Smith wird von namhaften Vertretern internationalen Kirchenlebens, sachlich zu Unrecht, vorgeworfen, dies wäre eine unbiblische Vermutung und spezielle Lehre der Mormonen. Der in den USA sehr bekannte Präsident der Predigerseminare der südlichen Baptisten, Herr Dr. Mohler, hat diese Ablehnung im Juni 2007 deutlich formuliert. Er sagte in „Blogalogue - Debates about Faith" ‚mormonism-is-not-christianity" vor geschätzten 14 Millionen Amerikanern:

„The Mormon doctrine of God does not correspond to the Christian doctrine of the Trinity. Mormonism rejects the central logic of this doctrine (one God in three eternal persons) and develops its own doctrine of God - a doctrine that bears practically no resemblance to Trinitarian theology. The Mormon doctrine of God includes many gods, not one. Furthermore, **Mormonism teaches that we are what God once was and are becoming what He now is. That is in direct conflict with Christian orthodoxy... Here is the bottom line..."** [Die mormonische Lehre von Gott entspricht nicht der christlichen Lehre von der Dreifaltigkeit. Mormonismus verwirft die zentrale Logik dieser Lehre (ein Gott in drei ewigen Personen) und entwickelt seine eigene Lehre von Gott – eine Lehre, die praktische keine Ähnlichkeit mit der Dreifaltigkeitstheologie hat. Die mormonische Gotteslehre umfasst viele Götter, nicht einen. Darüberhinaus **lehrt der Mormonismus, dass wir sind was Gott einst war und dass wir werden, was er jetzt ist. Das steht in direktem Widerspruch zur christlichen Orthodoxie ... Hier liegt das Entscheidende ...**]

---

147 Die Familie. Eine Proklamation der 1. Präsidentschaft der Kirche Jesu Christi der Heiligen der Letzten Tage an die Welt, 1995

Dr. Mohler hat im ersten recht! Die Lehren und Praxis der Kirche Jesu Christi der Heiligen der Letzten Tage korrespondieren - glücklicherweise - nicht mit der „trinitarischen Theologie"!

Aber im letzten Satz irrt er gewaltig. Seine Schlussbemerkung ist unzutreffend: Ausgerechnet die Toptheologen Dr. Martin Luther, Papst Benedikt XVI. sowie Adolf von Harnack widersprechen ihm vehement.

Die Lehre von der Möglichkeit der „Vergottung" des Menschen befindet sich ganz und gar nicht im direkten Konflikt zum orthodoxen Christentum.

In seiner Generalaudienz, am 20. Juni 2007 in der er über Athanasius sprach - der ein Super-„Orthodoxer" ist -, sagte der Papst dass : *„der Kern seiner Inkarnationslehre ... lautet:* **Christus, das Göttliche Wort, wurde Mensch, damit wir vergöttlicht würden..."**

Nicht einmal Athanasius hatte gewagt diese urchristliche Lehre anzutasten. Bemerkenswert ist zudem dieselbe lapidare Kürze, die Joseph Smith verwendet.

Luther sprach ebenfalls von der Vergöttlichung (d.h. mormonisch, Erhöhung) des Menschen.

Nikolai Krokoch zitiert in diesem Zusammenhang Tuomo Mannermaa der darauf verweist, dass das Wort der Theosis (deificatio) öfter bei Luther vorkommt als der Hauptbegriff seiner während der berühmten Heidelberger Disputation (1518) formulierten Heilslehre, nämlich die theologia crucis:

> *„Wenn in Luthers Epistelkommentaren und Weihnachtspredigten die inkarnatorische Wahrheit auf besondere Weise zum Ausdruck kommt, dann meint er ähnlich wie die orthodoxe Heilslehre die reale Teilhabe an der Gottheit Jesu: „Wie das Wort Gottes Fleisch geworden ist, so ist es gewiß notwendig, daß auch das Fleisch Wort werde ... Mit anderen Worten:* **Gott wird darum Mensch, damit der Mensch Gott werde...** *"* [148]

Großartig, lieber Martin Luther, wir Mormonen lieben dich sowieso! (Auch wenn wir, aus Gewissensgründen, nicht mit allem was du gesagt hast einverstanden sein können. Aber das tut unserer Liebe keinen Abbruch.)

---

148 Tuomo Mannermaa "Luther und Theosis", Band 16 Veröffentlichungen der Luther-Akademie Ratzeburg, Helsinki/Erlangen 1990, S. 11: "Theosis als Thema der finnischen Lutherforschung

Und die Autorengruppe Anton Grabner-Haider-Maier verweist auf Irenäus *„Werke gegen die falsche Gnosis"* in denen es heißt *„..., in Jesus Christus (ist) der Weltgott ein Mensch geworden,* **um die Menschen zu vergöttlichen.** *"* [149]

Wir sind von Gott gezeugte Söhne und Töchter und reden ihn zu Recht mit dem Titel **‚Vater unser'** an.

Deshalb jubelt der Psalmist: *„Wir sind Götter, Söhne des Höchsten"* [150] Adolf von Harnack bestätigt, dass *„...* **Der Gedanke der Vergottung** (des Menschen) **der letzte und oberste** (unter den Urchristen und unter den Orthodoxen) **gewesen ist;** *nach Theophilius, Irenaeus, Hippolit und Origenes findet er sich bei allen Vätern der alten Kirche, bei Athanasius, bei den Kappadoziern, Appolinares, Ephraim Syrus, Epiphanius u.a. ... "* [151]

Hier ist ein Zitat des Origenes das in der Tat in der gesamten nach-nicäischen Geschichte *christlich-ökumenischer Kirchengemeinschaft* keinen Platz mehr hatte: Er sagte - und es klingt als würde Joseph Smith sprechen -: *„Erst aufgrund der Tugend wird man ein Kind Gottes und erst in der Erwerbung der Tugend durch eigenen Eifer erwirbt der Mensch die Ähnlichkeit Gottes.* **Unentbehrlich für das Erreichen der Gottähnlichkeit ist also die Entscheidungsfreiheit.** *"* [152]

Ambrosius und der Arianismus

Leider hat sich Ambrosius von Mailand aus wahrscheinlich mehreren Gründen gegen das Recht auf Entscheidungsfreiheit gestellt.

Er ist der spiritus rector für „Cunctos populos". Kein Kaiser seiner Zeit kam gegen Ambrosius an. Er wird immer hoch gelobt und sicherlich hat er auch Großartiges geleistet. Aber vor allen anderen war er der Zerstörer der Freiheitsrechte aller, die jemals das Unglück erbten, unter römischem Einfluss leben zu müssen.

---

149 Anton Grabner-Haider-Maier „Kulturgeschichte des frühen Christentums" Vandenhoek & Ruprecht. 2008

150 Psalm 82:6

151 Adolf von Harnack „Lehrbuch der Dogmengeschichte", Mohr-Siebeck, 1990 S. 46

152 H. Benjamnins „Eingeordnete Freiheit; Freiheit und Vorsehung bei Origenes." E.J. Brill, 1994, S. 13

Werft einen Blick auf diese Karte:

Zwanzig Jahr nach Nicäa hatte sich im Norden des römischen Reiches und darüber hinaus das Christentum arianischer Prägung fast europaweit ausgedehnt. Besonders die Goten akzeptierten die arianisch geprägte Botschaft von Jesus, nach der Jesus ein Gesicht hat, - ein Antlitz. Infolge der Fähigkeiten und der Überzeu-

Das römische Reich zur Zeit seiner größten Ausdehnung (117 n. Chr.)

gungskraft Wulfilas, des Mannes der die Bibel ins Gotische übersetzte, ließen sich viele Goten taufen und zwar wie noch einmal betont, im arianischen Verständnis. Viele siedelten damals im Gebiet der heutigen Ukraine.

Da zeigten sich ihnen im Taufjahr des Ambrosius, 374, die Vorboten der auf sie zustürzenden Katastrophe. Die Hunnen kamen, mit ihren flinken Pferden massenweise aus dem fernen Osten. Mit ihren Reflexbögen, ihrer Wunderwaffe, waren sie unschlagbar. Die Goten flohen vor der barbarischen Eroberungswut. Die in Panik gestürzten Flüchtlinge sahen keine Möglichkeit auszuweichen. So versuchten sie im römischen Reich und bei ihren Brüdern im Glauben Schutz zu finden.

Nur diese Brüder, jedenfalls diejenigen, die damals in der Kirche das Sagen hatten, Damasus und Ambrosius hassten als Trinitarier (Athanasianer), die Arianer.

Ambrosius fühlte sich alarmiert. Die ersten Goten und mit ihnen die Arianer rückten seinem Reich auf den Leib? Dagegen wird er einschreiten. Er, der bewährte Kaiserberater, wirkte massiv auf den knapp zwanzigjährigen Kaiser Gratian ein.

Andererseits stand Kaiser Valens, der Mitkaiser Gratians, dem arianischen Glauben nahe. Er erlaubte den Flüchtlingen die Donau zu überschreiten, zumal die Goten gemeinsam mit den römischen Legionen ihre neue Heimat verteidigen wollten *„Mit Kähnen kamen sie über die Donau...* [153]

153 Leopold von Ranke „Werk und Nachlass"

Ambrosius protestierte laut.

Kaiser Gratian, im kritischen Jahr 378 neunzehn Jahre alt, konnte Ambrosius entschiedene Ablehnung nicht verstehen. Mit zornbebendem Herzen schrieb Ambrosius deshalb für ihn zwei Bücher („De fide"). Klipp und klar heißt es da: *„Die Arianer* [Italiens und die Goten G.Sk.] *haben sich gegen die Kirche Gottes verschworen!"* [154]

Ambrosius malte schwarz-weiß, er entmischte nicht. Untrennbar gehörten für ihn Staat und Kirche zusammen.

Der Tenor in Ambrosius Schriften ist grell: Schlagt die Arianer!

Gratian ließ sich überzeugen, gegen seine Bedenken zu handeln und daran ist zu ermessen, wie sehr Ambrosius dem jungen, Verantwortung tragenden Mann geistig überlegen war. Es hieß nur: *fortan „wies Gratian die Arianer ab und folgte Ambrosius."* [155]

Ambrosius prophezeite: *„ Die Goten sind Gog, von denen der Prophet schreibt, dass er mit Gottes Hilfe vernichtet werde...(die* Goten) *die ‚Häretiker' sind die ‚antichristi'; diese Häresie sammelt ihr Gift aus allen anderen Häresien."* [156]

Die anderen sind die Antichristi – die Arianer, die Häretiker.

Haltet den Dieb!!!

Wer die Reden des Athanasius gegen die Arianer wenig später vernehmen wird, hört den Ton dieses kleinen „Giftzwerges", wie ihn nicht nur die Arianer nannten.

Ambrosius hatte verlangt, der Kaiser müsse sich ganz den militärischen Aktionen widmen *„und daran denken, die Siegeszeichen aufzurichten..."* [157]

Wessen Siegeszeichen sind das?

Gratianmünze, Münzkatalog Ritter, 2010

---

154 Günther Gottlieb „Ambrosius von Mailand und Kaiser Gratian" Vandenhoeck & Ruprecht, 1973 S. 13
155 ebenda
156 ebenda
157 Günther Gottlieb „Ambrosius von Mailand und Kaiser Gratian" Vandenhoeck & Ruprecht, 1973 S. 13

Ist dies das von Jesus offenbarte Christogramm oder ist es schlichtweg ein Zeichen das ausschließlich die Siegesgöttin Victoria verlieh?

Ist es nicht dasselbe Zeichen das Konstantin bereits 312 erhalten haben soll? In diesem Zeichen solle er siegen – und nun sollte Gratian ebenfalls siegen.

Es half alles nicht: „.... *in der Schlacht bei Adrianopel in der Kaiser Valens fiel, siegten die Goten ...* "[158]

Man fragt sich, warum Ambrosius nach der Katastrophe von 378 und nach dem Tod Gratians seinen Einfluss bei den römischen Offizieren, dem Heer und vor Theodosius I. (der schon kurz nach diesem Desaster, im Januar 379, von Gratian zum Augustus erhoben worden war) nicht verlor. Das war doch in ihren Kreisen nicht vergessen, dass er ein falscher Prophet war, indem er posaunte: „*Der (richtige) Glaube des Herrschers (gewährleiste) den Sieg.*" und: „*Jesus Christus soll das römische Heer führen!*" In „de fide" hatte Ambrosius die Legionen in die Kämpfe regelrecht hineingehetzt, dann da sprach er: „*mit Gewissheit von den zu erwartenden Erfolgen des Kaisers gegen die Goten...*" und er sprach von den „*Strafen welche die Gegner des Glaubens und des römischen Imperiums treffen werde...*".[159] Entgegen den Prophezeiungen Ambrosius „*bot das römische Heer keinen Widerstand mehr... überall zogen die Goten ... durch das Land... bis an die Grenze Italiens herrschten sie nach Belieben.*"[160]

Alles wankte, Ambrosius stand. Noch blieb ihm ja Italien. Wie ein leichtfertiger Kaiser zog er nicht die Konsequenzen, sondern konnte mit diesen Niederlagen leben. Er konnte seine Macht nach innen sogar noch ausbauen, **weil die Goten mit dem Erreichten wider Erwarten zufrieden waren und ihren Arianismus nirgendwo mit Gewalt durchsetzen wollten**.

Als die Goten einhundert Jahre nach den programmatischen Erläuterungen Ambrosius von Mailand die Oberherrschaft über ein zerstrittenes und weithin athanasianisches Italien gewannen, übten sie christliche Duldsamkeit. Der Arianer Theoderich der Große bringt, was nach Athanasius nicht zu erwarten gewesen wäre, dem Land den langersehnten Frieden. Er übte dreißig lange Jahre weder Gewalt an

---

158 ebenda
159 ebenda
160 Günther Gottlieb „Ambrosius von Mailand und Kaiser Gratian" Vandenhoeck & Ruprecht, 1973 S. 13

den Unterlegenen, noch berührt er die Landesverwaltungen. Er tolerierte die katholische Kirche. Erst daran zeigte sich, wie sehr Ambrosius sich verrannt hatte als er sagte: „*Die Feinde des Reiches sind auch die Feinde der* [katholischen] *Kirche*"

Allerdings „*ließ Theoderich* [ganz anders als Ambrosius G.Sk.] *nicht zu, dass der Reichtum der Kirche unverhältnismäßig stark zu Lasten anderer anstieg.*"[161]

Ambrosius von Mailand zu feiern, ist leider bezeichnend. Frieden zu bringen, war er außerstande. Sein Wille geschah überall. Kaiser Theodosius hätte vor diesem Hintergrund niemals wagen dürfen, ein Gesetz wie Cunctos populos gegen den Willen des übermächtigen Kaiserberaters zu veröffentlichen.

(Zur Erinnerung: Cunctos populos verbot im Jahr 380 mit staatlicher Macht jede andere Religion außer der des Ambrosius)

Ambrosius Satz ist allzu bekannt: „*Der Kaiser steht innerhalb der Kirche, nicht über ihr.*"

Nun kommt das Kurioseste von allem. Ambrosius hat wie die Kirche Jesu Christi der Heiligen der Letzten Tage dasselbe Symbol gewählt: den Bienenkorb.

So gibt es bei aller Gegensätzlichkeit auch Gemeinsames und dieses Gemeinsame sollten wir dankbar betrachten, ohne die historische Wahrheit zu verbiegen oder zu leugnen.

Origenes Lehren von der Erlösung

Origenes geht immer davon aus, dass der Mensch als buchstäbliches Geistkind Gottes fähig ist an seiner Erlösung mitzuarbeiten.

Betrachten wir noch einmal das soeben erwähnte Zitat des großen alexandrinischen Gelehrten: „*Erst aufgrund der Tugend wird man* (in diesem irdischen Stand, sozusagen erneut) *ein Kind Gottes und erst in der Erwerbung der Tugend durch* **eigenen Eifer** *erwirbt der Mensch die Ähnlichkeit Gottes. Unentbehrlich für das Erreichen der* **Gottähnlichkeit ist also die Entscheidungsfreiheit.**"[162]

---

161 Jörg Köpke „Die italienischen Bischöfe unter ostgotischer Herrschaft 490-552", 2006 S.59

162 H. Benjamnins „Eingeordnete Freiheit; Freiheit und Vorsehung bei Origenes." E.J. Brill, 1994, S. 13

Der eigene Eifer wird von der *christlich-ökumenischen Kirchengemeinschaft* geradezu gering angesetzt.

Mit der **„Gemeinsamen Erkärung zur Rechtfertigunglehre"** der evangelischen und der katholischen Kirche von 1999 wird der urchristliche Grundgedanke untergraben, dass jeder Mensch Buße tun muss und kann.

Jeder muss, nach urchristlichem Verständnis, nach seinen „Talenten", oder gemäß dem was er tun kann, Leistung zeigen, indem er sich aktiv bemüht, ehrlich, treu und gut zu sein. Jesus hat es unmissverständlich gelehrt: *„Wem viel gegeben wurde, von dem wird viel verlangt werden."* [163] Origenes und die Kirche Jesu Christi der Heiligen der Letzten Tage anerkennen diese Forderung als berechtigt. *„Erst in der Erwerbung der Tugend durch eigenen Eifer erwirbt der Mensch die Ähnlichkeit Gottes."*

Es ist seitens der *christlich-ökumenischen Kirchengemeinschaft* blamabel und unbiblisch - oder sehr missverständlich - zu sagen:*„Als Sünder steht (der Mensch) unter dem Gericht Gottes und ist unfähig, sich von sich aus Gott um Rettung zuzuwenden..."* [164]

Wer die „Gemeinsame Erklärung" gründlich gelesen hat, der weiß woran sie krankt: die Relationen stimmen nicht. Skandalös ist außerdem, dass Jesus im Paket der „Gemeinsamen Erklärung" nur einmal zu Wort kommt, und dies im kuriosen, erpresserischen Zusammenhang.

Den Begriff „Weltgericht" und seine Kriterien, hat Jesus gesetzt und nicht Paulus! Jesus bestimmte was vor *„dem Gericht Gottes"* gilt oder gelten und zählen wird, nämlich *„alles was ihr einem meiner geringsten Brüder getan habt, das habt ihr mir getan..."* [165] Das wird aufsehenerregend negiert. Dagegen erscheinen die Begriffe:

- Vergebung 21 mal

- Gnade 51 mal

- Rechtfertigung 72 mal

- *Rechtschaffenheit oder „rechtschaffen leben" kein mal.*

---

163 Lukas 12: 48
164 Gemeinsame Erklärung 4.1. „Unvermögen und Sünde des Menschen angesichts der Rechtfertigung" (19. Satz)
165 Matth. 25:40

Dietrich Bonhoeffer und Karl Barth würden die Hände über dem Kopf zusammenschlagen!

- Buße 1 mal

- Reue 1 mal

- Bußsakrament 1 mal.

Die extrem seltene Erwähnung des Begriffes Buße bzw. Reue wirkt zudem wie aufgesetzt. Die evangelischen Autoren haben völlig vergessen, dass Luthers erste seiner 95 Thesen lautete: *„So unser Herr und Meister spricht : Tut Buße! will er, dass das Leben der Gläubigen eine stete und **unaufhörliche** Buße sei."*

Buße im Sinne Luthers ist innere Umkehr (metanoia) und nicht etwa, sich irgendwelchen Strafen zu unterziehen.

Falls ich meine Frau gekränkt haben sollte, will sie nicht, dass ich mich auspeitsche, ihr genügt es, meinen guten Willen zu sehen und dass ich es ehrlich bedauere.

Wie realitätsfremd die Verfasser der „Gemeinsamen Erklärung" im Umgang mit dem Begriff „Rechtfertigung" umgehen, wird auch aus einem spontanen Wort des damaligen bayerischen Innenministers Günther **Beckstein** (CSU) ersichtlich:

> *„in ihrem Statement vom 7. Mai 2007 stimmten Guido Westerwelle (FDP) und der bayerische Innenminister Günther Beckstein (CSU) der Entscheidung des deutschen Bundespräsidenten Horst Köhler zu. Gemeinsam lehnten sie eine Begnadigung des RAF Terroristen Christian Klar mit den Worten ab: „Keine Gnade ohne Reue, das ist ein klarer Rechtsgrundsatz"* [166]

Hat Jesus Christus jemals etwas anderes gelehrt als klare Rechtsgrundsätze?

Schauen wir noch einmal hin und halten fest, dass in der ‚Gemeinsamen Erklärung' vom Komplex „Gnade" insgesamt 144 mal gesprochen wird und von Reue nur 3 mal.

---

166 www.focus.de/politik/deutschland/koehlerentscheidung_aid_55589.html

‚Mormonismus' ist dagegen der Verweis Gottes auf unser Können: *„Du hast doch gewusst, dass ich ernte, wo ich nicht gesät habe... nehmt ihm das Talent weg und gebt es dem, der die zehn Talente hat"*.[167] Gott verlangt von uns rechtschaffen zu sein, gerecht zu handeln, eben das was Dietrich Bonhoeffer zum Sinn seines Lebens erklärt hatte.

> *„Öffne deinen Mund für die Stummen, für das Recht aller Schwachen. Öffne deinen Mund, richte gerecht, verschaffe dem Bedürftigen und Armen Recht."* [168]

Das Buch Mormon lehrt mit enormer Präzision und deshalb mit Autorität, dass sich die Gerechtigkeit Gottes nicht beugen lässt.

> *„...es ist ein Gesetz gegeben und eine Strafe festgesetzt und eine Umkehr gewährt; auf diese Umkehr erhebt Barmherzigkeit Anspruch; andernfalls erhebt die Gerechtigkeit Anspruch auf das Geschöpf und wendet das Gesetz an, und das Gesetz verhängt die Strafe; wäre es anders, so würden die Werke der Gerechtigkeit zerstört, und Gott würde aufhören, Gott zu sein.*
>
> *Aber Gott hört nicht auf, Gott zu sein, und* **die Barmherzigkeit erhebt Anspruch auf die Reumütigen,** *und die Barmherzigkeit wird wegen des Sühnopfers zuteil; und das Sühnopfer bringt die Auferstehung der Toten zuwege; und die Auferstehung der Toten bringt die Menschen in die Gegenwart Gottes zurück; und so werden sie in seine Gegenwart zurückgebracht, um gemäß ihren Werken gerichtet zu werden, gemäß dem Gesetz und der Gerechtigkeit. Denn siehe, die Gerechtigkeit macht alle ihre Forderungen geltend, und die Barmherzigkeit beansprucht auch all das Ihre;* **und so wird niemand als nur der wahrhaft Reumütige errettet.**
>
> *Wie, meinst du etwa, die Barmherzigkeit könne die Gerechtigkeit berauben? Ich sage dir: Nein, nicht das kleinste Teil. Sonst würde Gott aufhören, Gott zu sein."* [169]

Unglaublich, dass die meisten Theologen die ambrosianischen Behauptungen von ‚Sündennachlassung' (Sündervergebung) fast 1600 Jahre

---

167 Matth. 25: 14-30
168 Sprichwörter 31: 8-9
169 Alma 42: 22-25

lang widerstandslos akzeptierten. Jetzt wird auch deutlicher, warum ‚die Kirche' sich später immer häufiger gegen Origenes wandte, denn dieser lehrte:

> *„Die Sünde wider den Geist ist eine schwere Sünde, die wiedergutgemacht werden muss, also nicht aus Gnade Vergebung finden kann. Es ist - nach Origenes - die Sünde gegen den Nächsten, welche diesen in seinen von Gott in seinen von Gott verliehenen Rechten verletzt. Alles, was dem Nächsten ... (vorsätzlich) angetan wird , ... ist Sünde wider den Geist. Solche Sünde muss in einem nächsten Leben - oder möglicherweise bereits im derzeitigen - durch ein entsprechendes Schicksal oder Leid gesühnt werden.“* [170]

Gnade (Vergebung) und Reue sind untrennbar miteinander verknüpft. Erlösung kann es nicht geben, solange wir nicht leisten, was wir tun können. Zumindest können wir gegen Unrecht einschreiten, in dem wir zur passenden Zeit den Mund auftun.

Wer hat den Mund für die Stummen geöffnet, als die fanatischen Christen des 17. Jahrhunderts hunderttausende Maurisken Spaniens ins absolute Elend trieben?

Im Jahr 1965, gegen Ende des Vatikanum II. (1962-1965) gab der große Papst Johannes XXIII. aller Welt ein wunderbares Beispiel für Bekennermut, Reue und Ehrlichkeit. Sein Reuegebet wegen der Sünden seiner Kirche hat unendlich viel Gutes bewirkt.

Seither bemüht sich unsere Kirche mehr um Freundschaft mit allen Katholiken. Dieses Gebet wurde weltberühmt und baute Brücken:

> *„Wir erkennen heute, dass viele Jahrhunderte der Blindheit unsere Augen verhüllt haben, so dass wir die Schönheit Deines auserwählten Volkes nicht mehr sehen und in seinem Gesicht nicht mehr die Züge unseres erstgeborenen Bruders wiedererkennen. Wir erkennen, dass ein Kainsmal auf unserer Stirn steht. Im Laufe der Jahrhunderte hat unser Bruder Abel in dem Blute gelegen, das wir vergossen, und er hat Tränen geweint, die wir verursacht haben, weil wir Deine Liebe vergaßen. Vergib uns den Fluch, den wir zu unrecht an den Namen der Juden hefteten. Vergib uns, dass wir*

---

170 Arbeitskreis Origenes

Dich in ihrem Fleische zum zweitenmal ans Kreuz schlugen. Denn wir wussten nicht, was wir taten." [171]

Christentum und die Muslime

Sollte die Christenheit nicht ebenso vorbildlich Abbitte bei den Muslimen leisten, für das Unrecht, das ihre Glaubensbrüder mit ihren Kreuzzügen und mit andere Gewaltaktionen, wie Massenbekehrungen unter härtestem Zwang z.B. 1492 in Granada begingen?

Turm der Giralda mit dem Banner Konstantins

Immer noch weht bis zu dieser Stunde auf einer der bedeutendsten Kathedralen der Christenheit, der Hauptkirche zu Sevilla, das Banner Kaiser Konstantins als Wetterfahne, und zwar auf dem Fundament einer Moschee.

Die Giralda ist das Wahrzeichen der Stadt ... *„Giraldillo ist die den (christlichen) Glauben darstellende weibliche Figur mit der* **Fahne Konstantins.**" [172]

Um Unterwerfung und die Weltherrschaft, um Macht und Geld im Sinne Konstantins ging und geht es gegen Jesus.

Bis 1402 stand hier - in Sevilla - die maurische Hauptmoschee. Die Giralda ist somit auch das Symbol der Geschichte des königlichen Wortbruches und der Vertreibung von 600 000 Mauren aus Spanien, so wie der Eliminierung der Juden. All das entsprach dem konstantinischen Ungeist und Willen zur „Macht". Beide Aktionen, zwischen 1492 und 1609 unter dem Kreuz ausgeführt, gehören zu den schändlichsten in der Historie der „Christen"-heit.

Bezeichnend ist, dass der Hauptschuldige, Erzbischof Don Juan de Ribera, Valencia, durch Papst Pius VI. am 18. September 1796 für dieses Verbrechen und seine Intoleranz „selig" gesprochen wurde.

---

171 Bußgebet von Papst Johannes XXIII, zu finden unter
http://www.johannesxxiii.net/pda/john_pda_008.htm
172 Baedekers Reiseführer, Spanien, 5. Auflage, 1992. S. 584

Das ist umso ärgerlicher, als die Christen Toledos nach 400jähriger Okkupation durch die Mauren und nach ihrer „Befreiung" nur das Beste von den früheren Siegern sagen konnten. Alle Zeugen beteuerten übereinstimmend, nicht ein Maurenherrscher habe sie je genötigt Muslime zu werden. Ganz anders die „Christen". Sie verschärften die Grundsätze des Glaubenszwanges und stellten Ultimaten. Sie wollten Macht und neuen Lebensraum ... wollten ihr Revier beherrschen - wölfisches Trachten.

Nur die Christen, die den Terrorismus des traditionellen Christentums verachtenswerten „Terrorismus" nennen **und ihre Konsequenzen ziehen**, dürfen von den Muslimen erwarten, dass sie sich entschiedener als bisher gegen den Terrorismus ihrer Glaubensbrüder stellen. Jesus sagte: „*Zieh zuerst den Balken aus deinem Auge, dann kannst du den Splitter aus dem Auge deines Bruders herausziehen.*" [173] Andernfalls wäre es Heuchelei.

Leute wie ich sagen von Herzen „Ja!" zu 'Mormonismus'. Wir wollen die Brücke nutzen, die Gott uns eröffnete.

Um all das noch gründlicher zu belegen stelle ich jedem Interessenten 600 Quellenangaben zur Verfügung. Diese Arbeit ist im Internet unter meinem Namen und unter „Streifzüge durch die Kirchengeschichte" abrufbar.

Wer sind schon die Mormonen?

Trotz allem sagen nicht wenige Akademiker: Wer sind schon die Mormonen?

Hier möchte ich einige persönliche Erlebnisse einflechten.

In meinen Ohren klingt immer noch ein Satz nach, ausgesprochen von meinem berühmten CDU-Parteifreund Professor der Theologie, Norbert Buske, Greifswald, anlässlich einer Landesversammlung im Frühjahr 1994 in Neubrandenburg: „*Das fehlte noch, dass wir die 'Mormonentheologie' studieren!*", das, so glaube ich, war auf mich persönlich gemünzt.

Denn eigentlich war ich dafür vorgesehen die Morgenandacht für diese Zusammenkunft zu halten... aber gegen die Absicht eines Theologie-

---

173 Matth. 7: 5

professors kam ich nicht an. So sang und predigte er, und in seiner Rede fiel eben diese Bemerkung.

Vielleicht hätte Professor Buske doch zuvor in die Fachzeitschrift seiner Kirche, in die Theologische Literaturzeitung schauen sollen. Dort sagte der finnische evangelische Theologe Heikki Räisänen nämlich:

„Eine ernsthafte Beschäftigung mit den Werken des Mormonismus ist eine lohnende Aufgabe nicht nur für den Symboliker und den Religionswissenschaftler, sondern auch für den Exegeten und den Systematiker..." [174]

Das erklärte Räisänen nachdem er wissenschaftlich belegte, dass Josephs Smiths Eingriffe in die Texte der King James Bible mit seiner „Inspired Version" allesamt nicht nur Sinn machen, sondern dass unser Mormonenprophet immer wieder genau ins Schwarze traf und zahlreiche dunkle Stellen bemerkenswert erhellte.

Zwar von Räisänen nicht erwähnt, steht zum Beispiel dieses von Joseph Smith korrigierte Zitat im Hebräerbrief 7:3. Da heißt es in Bezug auf Melchizedek:

„er, der ohne Vater, ohne Mutter und ohne Stammbaum ist, ohne Anfang seiner Tage und ohne Ende seines Lebens, ..."

Man fragt sich, wie Melchizedek ohne Vater und Mutter sein kann, und wie er ohne Stammbaum existiert. Doch Joseph Smith verbesserte den offensichtlich verstümmelten Satz ohne großes Gewese:

Denn dieser Melchisedek war zu einem Priester nach der Ordnung des Sohnes Gottes ordiniert worden, welche Ordnung ohne Vater war, ohne Mutter, ohne Abstammung, und weder Anfang der Tage, noch Ende des Lebens hat. [175]

Also das Priestertum des Melchizedek hat weder Vater noch Mutter. Diese Hinzufügung ist ebenso genial wie offensichtlich inspiriert.

Mit Pastor Fritz Rabe von St. Michael, Neubrandenburg, konnte ich darüber reden. Nicht alle, aber die meisten anderen Theologen wiesen mich ab.

---

174 Heikki Räisänen „Joseph Smith und die Bibel" Theologische Literaturzeitung 109. Jahrgangs Nr. 2, Februar 1984
175 Auszüge aus der Joseph Smith Übersetzung der Bibel, Hebräer 7:3

Fritz Rabe sagte es wiederholt zu mir:

„Gerd, wenn ich Dich nicht vor dreißig Jahren kennen gelernt hätte, ich würde von Eurer Kirche genau soviel Ahnung haben, wie viele meiner Kollegen, nämlich nur ... naja du weißt schon, sie reden nur, was sie gehört haben..."

Ich nickte: *„Polygamie, Tempelkult und goldene Brille..."*

Pastor Rabe, - der mir in der Wendezeit 1989, zum Ärger seiner Mitpastoren, offiziell das Wort für eine Schriftbetrachtung in der Johanneskirche Neubrandenburg gab, anlässlich der damals noch üblichen Montagsgebete, erzählte mir noch eine kleine Geschichte die es wert ist hier wiederholt zu werden.

Er sei eines Tages mit dem Zug gereist, als er ein Gespräch vernahm indem es ziemlich harsch gegen und um die Mormonen ging. Nach einer Weile hätte er sich eingemischt:

„Darf ich sie darauf hinweisen, dass sie sich irren..."

Verwunderte und ablehnende Blicke trafen ihn. „Wer sind Sie?" Die betreffenden Personen fanden das ungezogen, dass sich ein Fremder in ihre Ansichten und Angelegenheiten einmischte.

„Mein Name ist Fritz Rabe, ich bin Pastor der evangelischen Kirche in Neubrandenburg, Mecklenburg-Vorpommern..."

„Und sie verteidigen etwa die Mormonen?"

„Ich verteidige nur die Wahrheit."

Damit hat er Ehre für sich erworben. Mehr kann kein Geistlicher tun, als die Wahrheit zu verteidigen.

Ein Vierteljahrhundert davor, 1964, wurden Kurt Meyer, Gemeinde Neubrandenburg, und ich von einer gläubigen Adventistin in Neustrelitz zu einem Gespräch eingeladen. Plötzlich springt sie auf und sagt: „Brüder, sie müssen sofort gehen." Sie schlug sich vor die Stirn: „Mein Sohn!" sie hatte vergessen dass ihr Sohn sie besuchen wollte. „Er ist der Leiter der Abteilung Agitation und Propaganda in der SED-Bezirksleitung Potsdam. Mit dem Glauben und den Christen hat er ‚nichts am Hut'. "

Wir blieben und kamen mit ihm ins Gespräch. Nach 2 Stunden wollten wir höflichkeitshalber aufbrechen. Er sagte: „es fahren noch andere Züge nach Neubrandenburg." Etwa drei Stunden später entließ dieser damals vielleicht 40jährige hochgewachsene und gut aussehende Mann uns mit einer Frage: (und ich bin gewiss, der Tag wird einmal kommen an dem ihr sehen werdet, dass ich die Wahrheit berichte) *„Warum hat eure Kirche nicht mehr Mitglieder?"*

Ich schaute ihn an: „Würden sie den Mut dazu haben...?" Er lächelte und verstand.

Wiederherstellung der Evangeliumsbasis

Menschen hatten die Basis des Evangeliums, das Individualrecht auf Entscheidungsfreiheit zerstört, Menschen mussten es erst wiederherstellen.

Was wir leisten können, wird Gott niemals für uns tun. Das ist sein Prinzip. Das ist, nach Origenes und Joseph Smith, seine Pädagogik.

Die Beleidigungen Gottes die mit Gesetzen zum Glaubenszwang erfolgten, wurden leider erst 1776 von den Gründervätern der USA überwunden und außer Kraft gesetzt, indem die Unterzeichner in ihrer „Unabhängigkeitserklärung" sagten:

> *„Wir halten diese Wahrheiten für ausgemacht, dass alle Menschen gleich erschaffen wurden, dass sie von ihrem Schöpfer mit gewissen unveräußerlichen Rechten begabt wurden, worunter Leben, Freiheit und das Streben nach Glückseligkeit sind..."*

Eine Generation später – und nicht zufällig in diese Zeit hinein - wurde Joseph Smith geboren, der später die wohl berühmtesten Worte des 19. Jahrhunderts sagen wird:

> *„Siehe, viele gibt es, die berufen sind, aber wenige werden erwählt. Und warum werden sie nicht erwählt? Weil sie ihr Herz so sehr auf die Dinge dieser Welt gesetzt haben und nach den Ehren der Menschen streben, dass sie diese eine Lehre nicht lernen - dass die Rechte des Priestertums untrennbar mit den Mächten des Himmels verbunden sind und dass die Mächte des Himmels nur nach den Grundsätzen der Rechtschaffenheit beherrscht und gebraucht werden*

können. Dass sie uns übertragen werden können, das ist wahr; **aber** *wenn wir versuchen, unsere Sünden zu verdecken oder unseren Stolz und eitlen Ehrgeiz zu befriedigen, oder wenn wir auch nur mit dem geringsten Maß von Unrecht irgendwelche Gewalt oder Herrschaft oder Nötigung auf die Seele der Menschenkinder ausüben wollen- siehe,* **dann ziehen sich die Himmel zurück, der Geist des Herrn ist betrübt, und wenn er sich zurückgezogen hat, dann Amen zum Priestertum oder der Vollmacht jenes Mannes...** "[176]

Wir haben die Würde des anderen zu achten, sonst verlieren wir jede Berechtigung, in der Kirche zu amtieren. Wer immer sich grundfalsch entscheidet, betreibt seine eigene Sache, die erst dann unsere Sache wird, wenn der Gesetzesbrecher bestraft werden muss.

Wir selbst müssen das Beste leisten. Auf diese Weise ist ‚Mormonismus' eine Religion des Tuns des Guten. Wir brauchen die immerwährende Führung durch unser eigenes Gewissen und durch das Licht des Himmels.

Wer sich ernstlich an Gott um Beistand und Weisheit wendet - und eben das ist die Botschaft unserer Missionare, - der wird die erwünschte Führung und Weisheit erhalten, oder das worum er im Glauben bittet, (sofern es der Wohlfahrt seiner Seele dient) sei er Hindu oder ‚Mormone'.

Alexander Solschenizyn berichtet uns im „Archipel Gulag" eine wunderbare Geschichte, die diesen Grundsatz angenehm bestätigt und die verdeutlicht, dass eigentlich jeder Christ innerlich weiß, dass Gott kein Gott der Willkür ist.

„Nikolai Alexandrowitsch Kosyrew, dessen brillante astronomische Laufbahn durch die Verhaftung unterbrochen worden war, wusste sich nur durch die Gedanken an Ewiges und Unendliches zu retten: an die Weltordnung – und ihren obersten Geist; an die Sterne, an ihre innere Beschaffenheit; und darüber was eigentlich Zeit ist und der Lauf der Zeit.

Und so eröffnete sich ihm ein neues Gebiet der Physik. Und nur das hielt ihn am Leben. Bald jedoch stießen seine Überlegungen an vergessene Ziffern, er konnte nicht weiter bauen, weil er viele Ziffern

---

176 Lehre und Bündnisse 121: 35-40

dazu brauchte. Woher sie nehmen: in der Einzelzelle mit der kümmerlichen Nachtfunzel, wohin auch ein Vogel sich nicht verirren konnte? Und der Gelehrte erhob seine Stimme zu Gott: **„Herr! Ich habe alles getan, was ich konnte.** *Aber ich brauche Deine Hilfe! Hilf mir weiter."*

Zu jener Zeit stand ihm in je zehn Tagen ein Buch zu. In der ärmlichen Gefängnisbibliothek gab es einige Ausgaben des ‚Roten Konzertes' von Bedny, und die wurden ihm wieder und wieder in die Zelle gebracht. Seit seinem Stoßgebet war eine **halbe Stunde** *verstrichen, da kam einer von der Bibliothek das Buch austauschen, und warf ihm, - wie immer ohne zu fragen – ein Lehrbuch der Astrophysik auf den Tisch... so stürzte sich Kosyrew in weiser Voraussicht aufs Lesen: nur alles in sich aufnehmen, nur alles sich einprägen, was ihm vonnöten war... zwei Tage waren noch nicht um... als plötzlich der Gefängnisdirektor zur Visite erschien...: „Sie sind doch von Beruf Astronom?" „Jawohl." „Fort mit diesem Buch!" Und sie nahmen es ihm weg.[177]*

Niemand kann und will euch wegnehmen, was ihr als wahr erkanntet. ‚Mormonismus' fügt eurem Wissen und eurem intuitiven Verständnis ein wenig Gutes hinzu. Das ist es. Lasst uns die Kraft, in dieser Erkenntnis standhaft zu bleiben, bei dem Gott Abrahams, Isaaks und Jakobs suchen.

Wenn wir seine Hilfe erbitten, **nachdem** wir unseren Teil leisteten, wird er uns die Wahrheit durch die Macht des Heiligen Geistes offenbaren.

Origenes überlieferte – **hier als 6. Prinzip der Übereinstimmung,** dass :

„Es zwei grundsätzlich verschiedene Bereiche der Schöpfung gibt: Zuerst die geistige Welt. Sie ist ursprünglich, von ewiger Dauer und gliedert sich in den Sohn, den heiligen Geist und die übrigen Vernunftwesen. Zweitens: die körperliche Welt ist aus dem Nichts geschaffen und von zeitlich begrenzter Dauer; ihre Entstehung ist durch den Fall der Logika veranlasst."[178]

---

177 Alexander Solschenizyn, „Archipel Gulag" Fackelverlag 1973, S. 431
178 Handwörterbuch für Theologie und Religionswissenschaft S. 1695

Joseph Smith, wie er sagt, durch Gott belehrt, bestätigt: ***Alles wurde zuvor geistig geschaffen.*** *„ Denn ich, der Herr Gott, erschuf alles, wovon ich gesprochen habe, zuerst geistig ehe es im natürlichen Zustand auf der Erde war."* [179]

Auch *„nach der rabbinischen Tradition gehen sieben Dinge der Erschaffung der Welt voraus, nämlich die Thora, die Buße, das Paradies, die Gehenna, der Thron der Herrlichkeit, der Tempel und der Name des Messias (bT Pes 54a, bT Ned 39b)."* [180]

Eigentlich ist das Problem durch die beiden unterschiedlichen biblischen Schöpfungsberichte, den elohistischen und den jahweistischen, allgemein bekannt.

Einige Naturwissenschaftler sagen: vor dem (angenommenen Urknall) muss es noch etwas gegeben haben, nämlich ein Gesetzespaket, d.h. es gab, nach meinem Verständnis, jemanden der es schnürte.

Ebenso lehrte Origenes, dass: *„die sechs Schöpfungstage als Weltperioden verstanden werden."* [181]

Joseph Smith bestätigt: *„Die sechs Schöpfungstage sind Zeiten."* [182]

Der in der ‚mormonischen' Zusatzschrift „Köstliche Perle" niedergeschriebene Satz: *„Und die Götter hatten acht über die Dinge, denen sie befohlen hatten, bis sie gehorchten"*,[183] lässt den Schluss auf die Evolution als Arbeitsweise Gottes zu.

Nobelpreisträger Manfred Eigen erläutert praktisch, dass der Evolution das Steuerungsgesetz vorausging. [184]

Bemerkenswert sind die Arbeiten des Freiherrn von Huene, vor allem sein Werk „Philogenie der niederen Tetrapoden" 1956.

Beide Forscher sprechen, 120 bzw. 140 Jahre nach Joseph Smith, vom Prinzip der „gerichteten Evolution". Sehr vereinfacht gesagt: das

179 Köstliche Perle Buch Mose 3: 5,7
180 Die Juden zur Zeit Muhammads, Fußnote 1, Materialdienst evangelischer Arbeitskreis Kirche und Israel in Hessen und Nassau, siehe http://www.lomdim.de/md2005/06/05.html
181 Handwörterbuch für Theologie und Religionswissenschaft S. 1697
182 Köstliche Perle, Buch Abraham 4
183 Köstliche Perle, Buch Abraham 4: 18
184 Manfred Eigen „Das Urgen", Festschrift, Jena öffentlicher Vortrag anlässlich der Akademiesitzung am 6. Juni 1979 in Halle

jeweilige Ergebnis der Evolution wurde von Gott zuvor festgesetzt. Das eröffnet uns ungeahnte Perspektiven zur Harmonisierung von Glaube und Vernunft.

Fortlaufende Offenbarung

Origenes lehrte weiter in Übereinstimmung mit Mormonismus:

7. Die zwingende Erfordernis fortlaufender Offenbarung

„Gott hat bei aller Anpassung an die Schwachheit des Menschen immer die Absicht, daß sein göttliches Wort in den Menschen eindringt und ihn umgestaltet, so daß es ihm göttliche Würde und Größe schenkt." [185]

Erinnert sei daran, dass Petrus mit der Vision von den reinen und unreinen Tieren – nach Jesu Auferstehung – eine bedeutende Offenbarung und Weisung von Gott erhielt. wie er sich gegenüber dem römischen Soldaten Cornelius verhalten soll. Denn hier handelte es sich um die Grundsatzentscheidung, ob auch Nichtisraeliten getauft werden dürften.

Nach diesem Prinzip fortlaufender Verbindung sollte, gemäß Jesu Lehre, seine Kirche fortan geleitet werden. Das war es, was Jesus betonte, als er seine Jünger unterwies:

„Selig bist du Simon Barjona; denn nicht Fleisch und Blut haben dir offenbart (dass ich der Messias, der Sohn des lebendigen Gottes bin); sondern mein Vater im Himmel. Ich sage dir: du bist Petrus, und auf diesen Felsen (der fortlaufenden Offenbarung und der fortlaufenden Verbindung zwischen Himmel und Erde G.S.) werde ich meine Kirche bauen, und die Mächte der Unterwelt werden sie nicht überwältigen" [186]

Joseph Smith räumte mit dieser Erklärung, dass „Offenbarung" der Felsen sei, einen Grundirrtum beiseite, nämlich den, das angenommen wurde Petrus selbst (Petrus griech. Petra = Fels) sei dieser Fels.

---

185 Sr. Theresia Heither OSB „Gotteserfahrung in der Theologie des Origens" Kommentar bei Arbeitskreis Origenes
186 Matth. 16: 15-18

Auch logisch gesehen ist die von Joseph Smith vorgegebene Auslegung die stärkere. Denn es ist unwahrscheinlich, dass irgendeine Beziehung zu Petrus wirkungsvoller sein könnte, als der fortgesetzte Empfang von Botschaften desjenigen, der lebt und nach dessen Namen und auf dessen Idealen die Kirche gegründet wurde.

Nur die (stillschweigende) Annahme, da sei tatsächlich kein hörender und antwortender Gott, sondern lediglich eine unvorstellbare Kraft, verführt zur Schlussfolgerung Petrus (Stuhl) ersetze die göttliche Führungsfunktion.

Möglichst ständige Führung und Erleuchtungen jedermanns durch die Macht des Heiligen Geistes sind unersetzbar, wie viel wichtiger jedoch wären und sind die Eingebungen Gottes zugunsten seiner Kirche. [187]

Dieses Prinzip, vor allem soweit es die Kirche betrifft, wurde von Konstantin und wird von dessen Anhängerschaft bis heute klar abgelehnt.

> *„In den Spekulationen Konstantins nach denen Gottes natürliche Offenbarung vollkommene Erkenntnis vermittelt, besteht eigentlich kein Bedürfnis nach der übernatürlichen Offenbarung."* [188]

Christus selbst betonte die Notwendigkeit der ständigen Verbindung zwischen Mensch und Gott. *„Bittet, dann wird euch gegeben; sucht, dann werdet ihr finden; klopft an, dann wird euch aufgetan."* [189]

8. das Werk für Verstorbene

ist keineswegs „mormonenspezifisch". Katholische Seelenmessen und andere Elemente der Lehre und Liturgie weisen deutlich auf eine ursprüngliche Gemeinsamkeit hin. In Gedanken sehe ich oft, wie Martin Luther, als er 1510 in Rom weilt, auf jeder Stufe der Pilatustreppe stehen bleibt, um ein ‚Vater-unser' für seine verstorbenen Vorfahren zu sprechen, *„denn es war die Meinung, wer so bete, würde eine Seele erlösen."* [190]

---

187 Johannes 14: 21; 14: 26.
188 Kirchenhistoriker Heinz Kraft, Habilitationsschrift „Konstantins religiöse Entwicklung", 1954, Heidelberg - Uni Greifswald, S. 81
189 Matth. 7: 7
190 Fliedner-Caspar-Muetzelfeld, Evangel. Religionsbuch III, für Knabenschulen, S. 95

Marcus von Wellnitz bespricht in seinem Werk: „The Catholic Liturgy and the Mormon Temple"[191] weitere, zumindest auf den ersten Blick nicht zu erkennende, Gemeinsamkeiten.

Origenes führt in Homilie zu I Reg 28 aus: *„dass Mose, Samuel und alle Propheten in den Hades hinabgestiegen sind und dort gepredigt haben."*[192]

Joseph Smith hat es ebenfalls gesehen: *„ ...was vernehmen wir in dem Evangelium, das wir empfangen haben? Eine Stimme der Freude! Eine Stimme der Barmherzigkeit vom Himmel... frohe Nachricht für die Toten."*[193]

„Ich nahm wahr", sagt Joseph Fielding Smith, Präsident der Kirche Jesu Christi der Heiligen der Letzten Tage von 1901-1918, über seine Vision sprechend die er am 3. Oktober 1918 erhielt:

> *„dass der Herr nicht in eigener Person zu den Schlechten und Ungehorsamen, die die Wahrheit verworfen hatten, hinging, um sie zu belehren, sondern siehe, aus den Reihen der Rechtschaffenen stellte er seine Kräfte zusammen, und er bestimmte Boten, ausgestattet mit Kraft und Vollmacht, und gab ihnen den Auftrag, hinzugehen und das Licht des Evangeliums denen zu bringen, die in der Finsternis waren, ja zu allen Menschengeistern; und so wurde den Toten das Evangelium (die frohmachende Botschaft) gepredigt..."*[194]

Das erinnert uns an jene Passage in der Bibel:

> *„Christus... wurde dem Fleisch nach getötet, dem Geist nach lebendig gemacht. So ist er auch zu den Geistern gegangen, die im Gefängnis waren, und hat ihnen gepredigt. Diese waren einst ungehorsam, als Gott in den Tagen Noahs geduldig wartete..."*[195]

Fast unerwartet bekommt die Aussage Jesu einen neuen Sinn: *„Er hat mich gesandt ... damit ich den Gefangenen die Entlassung verkünde."*[196]

191 1979 Marcus von Wellnitz „The Catholic Liturgy and the Mormon Temple"
   Brigham Young University ISSN 0007-0106
192 A. von Harnack, Lehrbuch der Dogmengeschichte 1. Bd. Mohr-Siebeck, 1990 S.
   120
193 Lehre und Bündnisse 128: 19
194 Lehre und Bündnisse 138: 29-30
195 1. Petrusbrief 3: 18-20
196 Lukas 4: 18

Er kam eben trotz seiner revolutionären Aussagen keineswegs als politischer Revolutionär; die Freiheit, die er brachte, müssen wir uns in gewisser Weise verdienen, indem wir sie würdigen.

Nur vor diesem Hintergrund ist das Tempelwerk der Kirche Jesu Christi der Heiligen der Letzten Tage zu verstehen.

Wir erleben immer wieder, dass uns unterstellt wird, das Tempelritual der Kirche Jesu Christi der Heiligen der Letzten Tage wäre unchristlich und dem Freimaurertum entlehnt.

Doch unser fiktiver Urchrist des 2. Jahrhunderts sollte eigentlich im Besitz der selben Insiderkenntnis gewesen sein, wie die meisten Christen des 2. Jahrhunderts, nämlich so wie die erwachsenen Mormonen. Ein Blick auf die großartigen **arianischen!** Mosaike Ravennas zeigt die Ähnlichkeiten zwischen den im Internet kursierenden Darstellungen zum Thema ‚mormonischer Tempelkult' und eben diesen „Gemälden", die 200 Jahre jünger sind als das Urchristentum und die keinen Bezug zum Freimaurertum erkennen lassen.

In umgekehrter Richtung könnte ein Raub bereits sehr früh stattgefunden haben.

Allgemein bekannt ist, dass die Nachfolger Jesu, - selbst Paulus, - immer wieder den Tempel und die Synagoge besuchten.[197]

Eigentlich wäre damit dieser Teil der Diskussion erledigt, doch es gibt durchaus Menschen die den stärksten Argumenten - den in Norditalien offen zur Schau gestellten Skulpturen und Wanddokumenten, - ihre wenig maßgebliche Meinung entgegen setzen. Aber wie lange noch, im Zeitalter rasanter Informationsverbreitung?

---

197 Apostelgeschichte 3: 1-3; 21: 27

Übrigens, wusstet Ihr schon, dass Tertullian (160-220) gesagt hat:

„Die Ehen der Christen werden nicht durch den Tod des einen Teils getrennt, sondern dauern über das Grab hinaus an" [198]

Davon ist später nicht mehr die Rede. Eher wurde auf Matthäus 22:23-33 hingewiesen, Jesus selbst habe gesagt:

> *"Ihr kennt weder unsere Bibel noch wisst ihr was von der Macht Gottes. Wenn die Menschen von den Toten auferstehen, werden sie nicht heiraten und sich nicht heiraten lassen, sondern sie sind wie die Engel im Himmel."*

und der Frankfurter Pfarrer Helwig Wegner folgert aus diesem Jesuswort:

> *„Die Ewigkeit ist in allem ganz anders als das Leben auf dieser Welt. Auferstehung heißt auch nicht, dass die mit Uhren zu messende Zeit ins Unendliche verlängert wird. Unsere kleinen Ordnungen und unsere engen Vorstellungen zählen dort nicht mehr und selbst die Ehe gilt nichts im Himmel: "Sie sind wie die Engel", nicht Mann, nicht Frau, **ja vielleicht ganz ohne Gestalt.** "* [199]

Pfarrer Helwig Wegner hat nicht bedacht, dass Adam und Eva unsterblich als Mann und Frau erschaffen wurden....

Der Protestant Goethe schrieb mancherlei gegen die Schul-Theologie, er folgte seiner Intuition. Singt nicht der Engelchor am Ende des berühmten „Faust 2" gerade das Lied vom höchsten Glück?

Goethe hat wiederholt „Mormonen-Typisches", wie die Lehre von der Möglichkeit, ewig vermählt zu sein, direkt und indirekt beschrieben:

> *„Der Teufel will Besitz von Faustens Seele ergreifen. Nun aber zeigt es sich, dass Mephisto falsche Schlüsse gezogen hat. Engel vom Himmel steigen hernieder und treiben ihn mit seinen der Hölle entstiegenen Hilfsscharen durch geweihte Rosen zurück. Faust ist nicht der Unterwelt verfallen. Die Engel singen: **„Wer immer strebend sich bemüht, den können wir erlösen!"***

> ***Sie ergreifen Faustens Unsterbliches, bringen es zu den Füßen der Gottesmutter,** wo Gretchen als*

---

198 Dr. K.A. Heinrich Kellner, Tertullian „Über die einmalige Ehe" Kap 10
199 Hellwig Wegner, Medienhaus der Evangelischen Kirche in Hessen und Nassau

Büßerin Gnade gefunden, und vereinigen die Frühgeliebten." [200]

Wer immer strebend sich bemüht ... wir fühlen und wissen, dass jede andere Aussage die Wahrheit beugt.

K. Beyer, einem großkirchlichen Exegeten des 20. Jahrhunderts, kann man nur zustimmen, wenn er übereinstimmend mit der Lehre des Propheten Joseph Smith das bekannte „Syrische Perlenlied" so kommentiert:

> *„Die Botschaft des Liedes lautet: Die unsterbliche menschliche Seele göttlicher Herkunft darf sich erst dann endgültig vereinen mit ihrem unvergänglichen geistigen Leib der gleichfalls von Gott abstammt, ... wenn sie zuvor auf der Erde in einem vergänglichen fleischlichen Leib und in feindlicher Umgebung mit göttlicher Hilfe Selbsterkenntnis erlangt* **und mutig die ihr von Gott gestellte Aufgabe erfüllt hat...**" [201]

Wir wurden hierhergeschickt um die köstliche Perle zu finden, die im Meer liegt, das von einem wütenden Drachen bewacht wird. Sie herauszuholen erfordert persönlichen Mut. Niemand kann dir die Entscheidung abnehmen, ob du Jesus oder Konstantin wählen solltest.

Jedenfalls ist die Zeit für die Kirche Konstantins abgelaufen. An die Stelle der Klerikerkirchen und Kirchen der Berufsgeistlichen sollte wieder die ursprüngliche rücken.

Willst Du sie finden? Dann frage den allmächtigen Gott, der dir keinen Stein geben wird, wenn du ihn um Brot bittest. Das war Jesu ewig gültiger Ratschlag, den auffallend wenige Christen je ernst nahmen. [202]

Suche! Auch gegen den Willen des Drachens – dann wirst du finden!

Willst Du sie finden?

---

200 Leo Melitz „Führer durch das Schauspiel"
201 Walter Rebell, Lehrbuch "Neutestamentliche Apokryphen und Apostolische Väter", 1992, München.
202 Matth. 7:7-11

Anhang

ICH BIN

Eine ,körperliche' Existenz Jesu als eines dem Vater nachgeordneten Gottes, würde den zur Zeit Konstantin aufkommenden Monotheismus in Frage stellen, einen Monotheismus den – allerdings nur scheinbar - auch die Bibel mit den Worten verlangt: *„ICH BIN der Herr dein Gott... du sollst nicht andere Götter haben neben mir"* [203]

Jedoch glaubten die ersten Christen, Jesus und der große ICH BIN sind ein und dieselbe Person: *„... Jesus antwortete ihnen: ICH BIN von keinem Dämon besessen, sondern ehre meinen Vater... ICH BIN nicht auf meine Ehre bedacht... Amen amen ich sage euch: noch ehe Abraham wurde BIN ICH."* [204] Dieser große ICH BIN, gesandt von seinem Vater, sprach zu seinen Lebzeiten immer von diesem Auftrag.

Auch andere frühchristliche Autoritäten sahen darin keinen Verstoß gegen das erste der zehn Gebote. Selbst Joh. Adam Moehler erwähnte es: *„Der Sohn ist nach Justin weder bloßer Mensch, noch eine unpersönliche Kraft Gottes, sondern der Zahl nach ein anderer. Er ist Gottes Sohn im eigentlichen Sinne. Er hat zu Moses aus dem Dornenbusch gesprochen: ,Ich bin, der ich bin, der Gott Abrahams, Isaaks und Jakobs."... Apol. J. C. 65. ... „Er ist der Jehova des Alten Testaments, der Allmächtige."* [205]

Jesus war der einzige Gott mit dem Israel und wir es, als unserem Erlöser zu tun haben. Neben Ihm dem großen *„Ich Bin"* sollten sie und wir keine anderen Götter haben, indessen aber stets den Vater anbeten und zwar im Namen Jesu Christi.[206]

Weil der Herr Christus beteuert hatte, er sei der *ICH BIN*, wäre er beinahe den Tod der Steinigung gestorben. (Hätte man dann in der Christenheit einen Stein zum Symbol des Christentums erhoben?) Der Berichterstatter erzählt im Johannes-Evangelium, dass Jesus ein längeres Gespräch mit streitbaren Juden geführt hatte, in dem er

---

203 Exodus 20: 1-3
204 Johannes Kap 8: 48-59

205 Joh. Adam Moehler „Athanasius der Große und die Kirche in seiner Zeit" Mainz
    1844, S. 33
206 Epheserbrief 5: 20

mehrfach seinen Namen ‚ICH BIN' erwähnte, indem er sagte: „*Auch in eurem Gesetz heißt es, erst das Zeugnis von* **zwei** *Menschen ist gültig. ICH BIN es, der über mich Zeugnis ablegt, und auch der Vater, der mich gesandt hat, legt Zeugnis ab über mich...*" [207] Die Kontroverse weitete sich aus. Das Jesus den Gottes-Namen für sich beanspruchte, war entsprechend dem Verständnis orthodoxer Juden eine Gotteslästerung und darauf stand nach altem Gesetz die Todesstrafe. Die Pharisäer, die Jesus in der Nacht verhafteten, fielen fast in Ohnmacht, als er bekannte: ICH BIN es! „*Auch Judas, der Verräter stand bei ihnen. Als Jesus wiederholte: Ich bin es! wichen sie zurück und stürzten zu Boden und er fragte sie abermals: Wen sucht ihr? Sie sagten: Jesus von Nazareth. Jesus antwortete: Ich habe euch gesagt, dass ICH es BIN.*" [208] Mormonen glauben dasselbe: „*Jehova, der Gott des Alten Testaments, ist Jesus Christus, der große ICH BIN.*" [209]

Eben diese Basislehre des Urchristentums, Christus sei dem wahren Gott nachgeordnet, missfiel dem Vater der Orthodoxie, Kaiser Konstantin. Nachgeordnet wollte er - der Christus - nicht sein. Zudem widersprachen seine Absichten denen der Urkirche. Die Frage nach dem Wesen Gottes war und ist immer noch von grundlegender Bedeutung.

Das Recht auf Entscheidungsfreiheit

‚Mormonen' lieben ihre Religion der unbedingten Achtung der Menschenwürde.

Die Mitglieder der „*christlich-ökumenischen Kirchengemeinschaft*" sind jedoch genauso frei wie wir, zu entscheiden, ob sie dem Geist des Mannes folgen wollen, der die Kirche Nicäas schuf, oder Jesus Christus, der Joseph Smith in unseren Tagen berief, sein Werkzeug zu sein.

Die Formel: **Christus und Konstantin sind eins**, ist jedenfalls unhaltbar.

Konstantin oder Jesus, das ist die Frage.

Natürlich ist das Evangelium Jesu Christi wunderbar und schön. Jesus ist auf keinen Fall anzulasten, dass eine Reihe wölfischer Geschäfte-

---

207 Joh. 8:17-18
208 Joh. 18:5-7
209 Lehre und Bündnisse 29:1

macher sich seines seines „Fells", des Felles des Lammes, bemächtigt hatten und dass sie danach Kreide fraßen.

Die Ereignisse werden hier nur als Mittel zur Einsicht, aber nicht als Anklage verwendet. Es ist die Frage: wovon reden wir überhaupt, wenn von der Geschichte der *christlich-ökumenischen Kirchengemeinschaft* die Rede ist?

Seit den Tagen Kaiser Konstantins verstanden sich die wichtigsten Kleriker der *„christlich-ökumenischen Kirchengemeinschaft"* als Diener des Staates, obwohl Jesus unmissverständlich gelehrt hatte, dass es nicht möglich ist, zwei Herren zu dienen. Oft genug operierten hochrangige Christen zuerst zugunsten des Staates, ohne lange zu fragen was die eigentlichen Ziele und die Methoden dieses Staates sind.

Damit ist nicht gesagt, dass wir uns nicht in die politischen Dinge unseres Landes einmischen sollten.

Im Gegenteil, - solange wir das mit unserem Glauben und Gewissen vereinbaren können - stehen wir in dieser Pflicht uns überall auf positive Weise einzubringen. Wir sollen ja, nach Jesu Gebot, das *„Salz dieser Erde"* oder das *„Licht der Welt sein"*. [210]

Viele Mitglieder der Kirche Jesu Christi der Heiligen der Letzten Tage bringen sich deshalb bewusst in die Politik ein - bedeutet der Begriff Politik doch wörtlich genommen, die ‚Sorge um die Stadt' - auch darum geht es hier.

Die Attacken auf „Mormonismus" sind kurioserweise Attacken auf unser ausdrückliches Eintreten für jedermanns Recht auf Entschei-dungsfreiheit und sie erfolgen wegen unseres auffallend anderen Lebensstiles.

Zwei angehende evangelische Diakone im Alter von 22 Jahren, griffen meinen Mitarbeiter Klaus Nikol und mich nach einem Lichtbilder-vortrag, den wir vor einer Jugengruppe in einem evangelischen Gemeinderaum halten durften, scharf wegen unseres Glaubens an. Das Buch Mormon müsse ein Betrugsversuch sein. Der leitende Pastor bremste die beiden lautstarken jungen Herren. Eine Stunde später standen sie vor meiner Wohnungstür. Sie wollten sich entschuldigen. Der aktivere sagte wörtlich:

---

210 Matth. 5: 13-14

„Es geht nicht wirklich ums Buch Mormon. Wir sind jung und lieben die sexuelle Freizügigkeit die ihre Kirche uns nehmen will."

Ich sagte nur:

Wir sind nur überzeugt, dass Mitglieder der Kirche Christi nicht ‚weltlich' leben sollten. Außerdem muss man Treue schon vor der Ehe lernen und eins muss ich hinzusetzen: glaubt nicht den Verleumdern, die entweder übertrieben und einseitig die von führenden Mitgliedern unserer Kirche gelebte patriarchalische Ehe, als gotteslästerliche Polygamie verurteilen, - denn auf diese Weise kam das Haus Israel hervor – noch glaubt den Unredlichen, die in großen Tageszeitungen die Behauptung aufstellen, die ‚Mormonen' dürften nur dann mit ihrem Ehepartner sexuelle Verbindung suchen, wenn sie Kinder wünschten." Beide jungen Männer verstanden das. Ja, es ist wahr: Jesus ist derselbe heute, gestern und ewiglich. Jesus hat nie die Mehrehe verurteilt, sondern nur den Bruch eines Treuevertrages zwischen Mann und Frau.

So wurde unsere immer noch andauernde Freundschaft gegründet.

Es geht dem Gott, an den wir glauben nicht darum, uns zu gängeln, sondern uns zu erleuchten, - wenn wir wollen.

Rechtschaffenheit

Das Buch Mormon berichtet nicht zufällig von den vielen Kriegen zwischen Lamaniten und Nephiten, sondern damit wir lernen, notfalls unter Einsatz unseres Lebens das Recht auf freie Religionsausübung jedermanns zu verteidigen oder zurückzuerobern, denn wir verstehen Freiheitsliebe als Teil unserer Liebe zu Gott. [211]

Joseph Smith sagte, 1843, gegen Ende seines gewaltsam beendeten Lebens: *„Ich lehre sie Rechtschaffenheit und sie regieren sich selbst... Freundschaft ist einer der erhabenen Grundsätze des ‚Mormonismus'; ein Grundsatz, dazu bestimmt, die Welt umzustürzen und zu veredeln, dass Streit und Krieg aufhören und die Menschen Freunde und Brüder werden."* [212]

Rechtschaffenheit ist das große Wort des Buches Mormon. Es kommt 60 mal vor.

---

211 Buch Mormon Alma 43-60
212 Lehren des Propheten J. Smith, 1. deutsche Nachkriegsausgabe, S. 220

Um einem Missverständnis vorzubeugen: Unsere Kirche hat nie behauptet, sie allein wäre im Besitz von Wahrheit. Joseph Smith erklärte:

„Haben die Presbyterianer irgendwelche Wahrheit? Jawohl! Haben die Baptisten, die Methodisten usw. irgendwelche Wahrheit? Jawohl sie alle haben ... Wahrheit mit Irrtum vermischt... "[213]

Ist es nicht großartig, dass wir fähig sind, dank des Geistes Christi, Wahrheit von Irrtum und Gut von Böse zu trennen? Jedenfalls lehrt das Buch diese großartige Wahrheit:

„Der Geist Christi ist allen Menschen gegeben, damit er Gut von Böse unterscheiden könne; darum zeige ich euch den Weg zu urteilen; denn alles, was einlädt, Gutes zu tun, und dazu bewegt, dass man an Christus glaubt, geht von der Macht und Gabe Christi aus; darum könnt ihr mit vollkommenem Wissen wissen, dass es von Gott ist. "[214]

213 Lehren des Propheten Joseph Smith deutsche Ausgabe, 1948, S. 220
214 Moroni 7:16